Gottfried Adam / Otto Kaiser /
Werner Georg Kümmel / Otto Merk

Einführung in die exegetischen Methoden

Chr. Kaiser
Gütersloher
Verlagshaus

CIP-Kurztitelaufnahme der Deutschen Bibliothek

Einführung in die exegetischen Methoden / Gottfried Adam .... –
Gütersloh : Kaiser, Gütersloher Verl.-Haus, 2000
ISBN 3-579-02651-3

Umwelthinweis:
Dieses Buch wurde auf chlorfrei gebleichtem und alterungsbeständigem Papier gedruckt. Die vor Verschmutzung schützende Einschrumpffolie ist aus umweltschonender und recyclingfähiger PE-Folie.

ISBN 3-579-02651-3
© Chr. Kaiser/Gütersloher Verlagshaus, Gütersloh 2000
Das Werk einschließlich aller seiner Teile ist urheberrechtlich geschützt. Jede Verwertung außerhalb der engen Grenzen des Urheberrechtsgesetzes ist ohne Zustimmung des Verlages unzulässig und strafbar. Das gilt insbesondere für Vervielfältigungen, Übersetzungen, Mikroverfilmungen und die Einspeicherung und Verarbeitung in elektronischen Systemen.
Umschlag: INIT, Bielefeld
Satz: SatzWeise, Föhren
Druck und Bindung: Těšínska Tiskárna AG, Český Těšín
Printed in Czech Republic

Inhalt

Vorwort 9

Otto Kaiser
Die alttestamentliche Exegese

1. Die Auslegung der Bibel im Ganzen der christlichen Theologie   13
2. Die allgemeine hermeneutische Situation 15
3. Die Aufgabe des Exegeten 20
4. Die exegetische Leitfrage und der innere Zusammenhang der exegetischen Schritte 26
5. Der Text des Alten Testaments 27
     5.1   Die Hebräische Bibel 27
     5.2   Die Hilfsmittel zur Erschließung der Hebräischen Bibel . . 28
     5.3   Die Griechische Bibel 30
     5.4   Die Apokryphen oder Deuterokanonischen Bücher 31
     5.5. Die Lateinische Bibel 32
     5.6   Die Deutsche Bibel 32
6. Der Anfang der Exegese: Das laute Lesen und die Rohübersetzung des Textes 33
7. Die Textkritik 33
     7.1   Die Aufgabe der Textkritik, die Textzeugen und die Textgeschichte 33
     7.2   Die Schritte der Textkritik 36
         7.2.1   Die Sammlung 36
         7.2.2   Die Sichtung 37
         7.2.3   Die Entscheidung 37
8. Die Analyse des Aufbaus und der Form 38
     8.1   Die Aufbauanalyse 38
     8.2. Die textlinguistische Formanalyse 39
         8.2.1   Die ornamentale Analyse der inneren Form 39
         8.2.2   Die strukturale Analyse der äußeren Form 39
     8.3   Die kolometrische Analyse poetischer Texte 40
9. Die Gattungsbestimmung und Gattungsgeschichte 41

9.1	Die Gattung als konventionelles sprachliches Schema ...	41
9.2	Die Bedeutung der Gattungsbestimmung	42
9.3	Die Gattungsgeschichte und das Problem des Sitzes im Leben........	43
	9.3.1 Was ist ein literarisches Motiv?	45
	9.3.2 Mischgattung oder sekundäre Ausgestaltung? ...	45
9.4	Die Gattungsbestimmung.............	47
	9.4.1 Zum Problem der Gattungsbezeichnung	48
9.5	Der Sitz im Leben der alttestamentlichen Literatur	48
10. Die Literar- und die Redaktionskritik		51
10.1 Ihre Voraussetzungen		51
10.2 Ihre Aufgabe......................		52
10.3 Ihre Durchführung		54
11. Zur Einzelexegese als Wort und Sacherklärung		55
11.1 Die semantische Exegese		55
11.2 Überlieferung und Tradition		58
	11.2.1 Die Kennzeichen der Überlieferung	58
	11.2.2 Die Kennzeichen der Tradition	59
	11.2.3 Die Geschichte des Kanons	59
11.3 Die Sacherklärung...................		60
11.4 Das Problem der Historizität		65
12. Die Bestimmung des Sitzes im Leben		66
12.1 Die Frage nach dem institutionellen Hintergrund		67
12.2 Die Frage nach den Adressaten und der Zeitstellung		68
13. Die Zusammenhangsexegese		69
14. Schlußbemerkung: Stil und Ziel der Exegese		69

Werner Georg Kümmel
Die neutestamentliche Exegese
durchgesehen und ergänzt von Otto Merk

1. Fragestellung der Exegese	73
2. Text des Neuen Testaments, Textkritik	74
3. Sprachliche Hifsmittel	78
4. Einleitungsfragen	80
5. Aufgabe der Exegese	82
6. Hilfsmittel der Exegese	85
7. Auslegung von Römer 5,1-11	90
8. Auslegung von Matthäus 12,22-37	99
9. Literatur............................	110

Gottfried Adam
Zur wissenschaftlichen Arbeitsweise

1. Akademische Lehrveranstaltungen 115
   - 1.1 Typen von Veranstaltungen 115
   - 1.2 Mitarbeit. 116
2. Das Studium der Literatur 119
   - 2.1 Lesen 119
   - 2.2 Notieren und Exzerpieren 120
   - 2.3 Techniken des Sammelns und Ordnens 122
3. Von Bibliotheken und Bibliographien 124
   - 3.1 Bibliotheken 124
   - 3.2 Kataloge 125
   - 3.3 Bibliographien 126
     - 3.3.1 Bibliographische Hilfsmittel 126
     - 3.3.2 Besprechungsorgane 127
4. Formen schriftlicher Arbeiten 129
   - 4.1 Das Protokoll 129
   - 4.2 Das Referat 130
   - 4.3 Das Arbeitspapier 132
   - 4.4 Seminararbeit 132
     - 4.4.1 Literaturverarbeitung 133
     - 4.4.2 Gliederung 134
5. Die formale Gestaltung schriftlicher Arbeiten 135
   - 5.1 Titelangaben 136
     - 5.1.1 Selbständige Veröffentlichungen 136
     - 5.1.2 Aufsätze und Lexikonartikel 137
   - 5.2 Abkürzungen 139
   - 5.3 Zitate 140
   - 5.4 Anmerkungen 142
6. Mit dem Computer und Internet arbeiten 144
   - 6.1 Bibel und Internet 144
   - 6.2 Bibeln, andere Quellen, exegetische Hilfsmittel 145
   - 6.3. Literaturrecherchen: Server-Adressen 146
7. Literatur zum Thema 147

Vorwort

Wenn wir die Einführung in die exegetischen Methoden nach zwanzig Jahren noch einmal in überarbeiteter Form vorlegen, entsprechen wir damit einem Bedürfnis nach einer knappen und übersichtlichen Information für den Anfänger. Zu danken haben wir Herrn Professor Dr. Werner F. Kümmel, Udenheim, für die im Namen der Erben freundlich erteilte Genehmigung, die Einführung in die neutestamentliche Exegese seines heimgegangenen Vaters Werner Georg Kümmel in einer durch Otto Merk revidierten Form erneut zu veröffentlichen. Nicht weniger zu danken haben wir den Kollegen, die uns zu der Neubearbeitung ermutigt haben, aber auch dem in neue Hände übergegangen Verlag, vertreten durch Herrn Lektor Diedrich Steen, daß er das Büchlein erneut in seine Obhut genommen hat. In der Hoffnung, daß es Kontinuität und Wandel der exegetischen Fächer angemessen spiegelt und damit seiner Bestimmung gerecht wird, übergeben wir es seinen Lesern.

Marburg, Erlangen und Wien   Otto Kaiser, Otto Merk
im September 1999   und Gottfried Adam

Otto Kaiser

Die alttestamentliche Exegese

1. Die Auslegung der Bibel im Ganzen der christlichen Theologie[1]

Die Bibel bezeugt in ihren beiden Teilen als Altes und Neues Testament den Glauben an Gottes Gegenwart und Handeln in der Welt und an den Menschen. Sie dient der Verwirklichung der Gottesherrschaft und Gottesgemeinschaft unter allen Menschen. Da Gott in der Zweideutigkeit des Menschen und seiner Welt verborgen ist, beansprucht das seine Gegenwart und sein Handeln bezeugende Wort, seinerseits ein Handeln Gottes zu sein. Daher bezeichnet man die Bibel als *Wort Gottes* und sofern man dabei ihren Charakter als konstituierende Glaubensurkunde für die christliche Kirche im Auge hat als *Heilige Schrift*. In der Vergegenwärtigung und Neuverantwortung des Zeugnisses der Schrift in ihrem Bekenntnis, ihrer Lehre und ihrem Handeln bezeugt die christliche Kirche, daß sie durch den in der Schrift bezeugten dreieinigen Gott und die aus ihr abgeleitete Verkündigung von der in Jesu Weg, Tod und Auferstehung geschehenen Vergebung der Sünde zu einem neuen Leben im Vertrauen auf Gottes nie endende Zukunft befreit ist.[2]

Ein Blick auf die Kirchen- und Theologiegeschichte zeigt, daß der Prozeß der Vergegenwärtigung des biblischen Zeugnisses in der Zeit an kein Ende kommt (1); daß er beständig in der Gefahr schwebt, sich gegenüber seinem Ursprung zu verselbständigen (2) und daß der Pluralismus der Bezeugungen das Bezeugte in die Zweideutigkeit abzudrängen droht (3). Aus (1) folgt, daß es angesichts der Geschichtlichkeit des menschlichen Verstehens keine *theologia perennis* gibt; aus (2), daß es der Theologie als methodisch gezügelter Selbstreflexion des Glaubens um die angemessene Vergegenwärtigung des biblischen Zeugnisses gehen muß; aus (3), daß die

1. Auf die ausführlicheren Darstellungen von *G. Fohrer, H. W. Hoffmann, F. Huber, L. Markert und G. Wanke*, Exegese des Alten Testaments. Einführung in die Methodik, UTB 267, Heidelberg und Wiesbaden 1993⁶ und *O. H. Steck*, Exegese des Alten Testaments. Leitfaden der Methodik, Neukirchen-Vluyn 1999¹⁴ sei ausdrücklich hingewiesen. Die Abkürzungen richten sich nach *S. M. Schwertner*, Abkürzungsverzeichnis, 2. Aufl, TRE, Berlin. New York 1994; dort noch nicht erwähnte Reihen sind beim Erstzitat aufgeschlüsselt.
2. Zum evangelischen Verständnis dieses Grundartikels der Kirche vgl. *E. Jüngel*, Das Evangelium von der Rechtfertigung des Gottlosen als Zentrum des christlichen Glaubens. Eine theologische Studie in ökumenischer Absicht, 2. Aufl., Tübingen 1999.

Selbstreflexion sich im Blick auf ihre Aufgabe in einer konkreten Gemeinschaft auf deren konkretes Bekennntnis zu beziehen hat.

In diesen theologischen Zusammenhang ordnet sich die in der Folge des Aufkommens des historischen Bewußtseins in der Neuzeit entstandene Ausformung der biblischen Exegese als einer historisch-kritischen Wissenschaft ein.[3] Sie ist historisch, weil es ihr um die Vergegenwärtigung eines in der Vergangenheit formulierten Textsinns geht. Sie ist kritisch, weil sie sich über alle traditionell mit den Texten verbundenen Meinungen hinwegsetzt und auch ihren Textsinn auf den ihm zugrundeliegenden Wirklichkeitshorizont hin befragt und so ihr Verständnis im Prinzip ganz dem Dialog zwischen dem Text, der Auslegungstradition und dem eigenen Vorverständnis verdankt. Gerade weil sich die historisch-kritische Exegese im Rahmen der Theologischen Wissenschaft als unabdingbare Vorbereitung der hermeneutischen Frage nach der Gegenwartsbedeutung ihrer Texte versteht, stellt sie zunächst die historische Frage nach dem Sinn der biblischen Texte in ihrem ursprünglichen Sinnhorizont. Unbeschadet der potentiellen Unendlichkeit der Bedeutung der biblischen Texte im Leben der Einzelnen und der Kirche beharrt sie im Blick auf die theologische Verwendung der Schrift darauf, daß sich diese nicht unreflektiert über den Textsinn hinwegsetzt. Damit entspricht sie dem Grundbedarf der Kirche in der Zeit, ihren Glauben, ihre Lehre und ihr Leben immer erneut an dem sie begründenden Zeugnis der ersten Zeugen zu überprüfen und auszurichten. Eben deshalb muß der Ausleger es versuchen, zunächst sowohl die dogmatischen Überzeugungen der Kirche, die traditionellen Ansichten der Wissenschaft und zumal seine eigenen Glaubensgedanken zurückzustellen. Der zu manchem Mißverständnis Anlaß gebende Satz, daß es Aufgabe des Auslegers sei, einen Text besser zu verstehen als ihn sein Autor verstanden hat, kommt in der historisch-kritischen Exegese zunächst nur in der eingeschränkten Bedeutung zum Zuge, daß der Ausleger verpflichtet ist, »die Hintergründe zu verdeutlichen, aus denen die betreffende Äußerung hervorgegangen ist«.[4] So verstanden ordnet sich diese Forderung widerspruchslos der nach einer vorurteilslosen, sachlich angemesse-

3. Vgl. dazu *G. Ebeling*, Die Bedeutung der historisch-kritischen Methode für die protestantische Theologie und Kirche, in: *ders.*, Wort und Glaube I, Tübingen 1960 (1967³), S. 1-49.
4. *F. O. Bollnow*, Was heißt, einen Schriftsteller besser verstehen, als er sich selber verstanden hat?, in: *ders.*, Das Verstehen. Drei Aufsätze zur Theorie der Geisteswissenschaften, Mainz 1949, S. 25; vgl. dazu auch *M. Frank*, Das individuelle Allgemeine. Textstrukturierung und Textinterpretation nach Schleiermacher, stw 544, Frankfurt am Main 1985, S. 358-364.

nen und dem geschichtlichen Charakter der Texte gemäßen historisch-kritischen Exegese ein. Die Forderung der Angemessenheit aber erfüllt sie, indem sie sich nicht absichtlich über den Textsinn hinwegsetzt.[5]

2. Die allgemeine hermeneutische Situation

Ehe wir uns den zu diesem Zweck angewandten methodischen Schritten zuwenden, ist eine Besinnung über die hermeneutische Grundsituation des Menschen unerläßlich. Da der Mensch das um sich selbst und seine Welt wissende Wesen ist, vollzieht sich sein Dasein im Horizont der Erschlossenheit seiner Welt und seiner Existenz.[6] Er besitzt ein Welt- und Existenzverständnis. Ohne Verständnis seiner äußeren und inneren Situation vermag er sich weder denkend zu orientieren noch planvoll zu handeln. Sieht man von seiner jeweiligen Grundstimmung als einer unexpliziten Auslegung des Daseins ab,[7] so vollzieht sich sein Verstehen in der Sprache als dem eigentlichen Medium des Denkens. Die Sprache selbst ist ein Gefüge sinnhafter lautlicher Formen. Indem sie der Einzelne von seiner Mitwelt erlernt, übernimmt er zugleich die ihren grammatischen und syntaktischen Strukturen und die ihren Wörtern aus ihrem geschichtlichen Gebrauch innewohnende Weltauslegung. Sprache spricht nicht von allein, sondern nur durch den, der sie spricht.[8] Als durch ihre Grammatik

---

5. Gelegentliche Bestreitungen dieser Möglichkeit sind grotesk, weil ihre Urheber sich beschweren würden, wenn man ihre eigene Äußerung mißversteht. Selbst der für seine Sache eifernde Solipsist widerlegt sich selbst, indem er sie anderen zur Kenntnis bringt. Die gemeinsame Teilhabe an der phänomenalen Erschlossenheit der Welt bildet die Voraussetzung aller kommunikativen Prozesse.
6. Vgl. *M. Heidegger*, Sein und Zeit, Tübingen 1979[15], S. 142-166 = GA I/2, Frankfurt am Main 1976, S. 190-221 und zur Einführung *O. Pöggler*, Der Denkweg Martin Heideggers, Pfullingen 1983[2], S. 46-66 bzw. allgemeinverständlich *R. Safranski*, Ein Meister aus Deutschland. Heidegger und seine Zeit, Hamburg 1995, S. 176-204.
7. Vgl. auch *G. W. F. Hegel*, Vorlesungen über die Philosophie der Religion I: Einleitung. Der Begriff der Religion, hg. Walter Jaeschke, Vorlesungen 3, Hamburg 1983, S. 285-291.
8. *M. Frank*, Das individuelle Allgemeine, S. 204 und S. 320.

und Syntax geregelte und durch ihren geschichtlichen Gebrauch geprägte ist sie ein Allgemeines, als das nur im singulären Gebrauch existente ist sie ein Individuelles. Daher können wir Sprache als das individuelle Allgemeine bezeichnen.[9] Demgemäß enthält auch der Text als ein formales, schematisches, sprachliche Äußerungen repräsentierendes Gebilde dank seiner Individualität notwendig Unbestimmtheiten, die es verhindern, daß der Textsinn und seine Erfassung und Konkretisierung durch seinen Leser identisch werden.[10] Es kommt bestenfalls zu einer Kongruenz, aber zu keiner Deckungsgleichheit.

Darin meldet sich bereits der hermeneutische Zirkel des Verstehens an, von dem alsbald ausführlicher zu reden ist. Zunächst bedarf es noch einer semantischen, über die Funktionsweise sprachlicher Symbole Auskunft gebenden Überlegung.[11] Unbeschadet der Tatsache, daß jedes Wort eine ihm eigentümliche Bedeutung besitzt, erhält es seinen prägnanten Sinn erst in seinem Kontext. Daher verändert sich die Sprache in ihrem kontextuellen geschichtlichen Gebrauch. Sie ist als lebende Sprache in einer unabgeschlossenen Bewegung, in der Worte mitsamt ihren Bedeutungen und Wertungen ebenso absinken wie sie sich mit neuen Bedeutungen und Wertungen verbinden. Sie ist in all ihren Formen geschichtlich. Ihre ursprüngliche Seinsart ist die Rede als Ausruf, Anruf, Bitte, Befehl und Beschreibung oder knapper gesagt: die Sprache ist ihrem Wesen nach konkrete Mitteilung und verweist damit auf das Mit-Sein des Menschen, seinen Charakter als Gemeinschaftswesen.[12] Sie dient mithin der Kommunikation.[13]

9. Vgl. dazu *ders.*, dasselbe.
10. Vgl. dazu *R. Ingarden*, Das literarische Kunstwerk, Tübingen 1965[5], S. 261-267, bes. S. 266 f.
11. Vgl. dazu grundlegend *St. Ullmann*, Grundzüge der Semantik. Die Bedeutung in sprachwissenschaftlicher Sicht (The principles of Semantics. A linguistic approach to meaning), Deutsch S. Koopmann, Berlin, New York 1972[2].
12. Vgl dazu *M. Heidegger*, S. 117-125 = 157-168 und bes. S. 120 = S. 161: »Das Alleinsein ist ein defizienter Modus des Mitsein, seine Möglichkeit ist der Beweis für dieses.« Arist.pol.1253a.2 f. schwingt bei den Neueren immer mit; zum kontextuellen Sinn vgl. *E. Schütrumpf*, Aristoteles Werke in deutscher Übersetzung 9/1, Darmstadt 1991, S. 207-210. Zum Verhältnis zwischen sprachlicher Repräsentation und Kommunikation vgl. *J. R. Searle*, Intentionalität. Eine Abhandlung zur Philosophie des Geistes (Intentionality. An essay in the philosophy of mind, Cambridge 1983), übers. H. P. Gavagai, Frankfurt am Main 1987, S. 209-210 und S. 212.
13. Zur Rolle der Semiotik als Untersuchung aller Kommunikationsprozesse vgl. *U. Eco*, Einführung in die Semiotik (La stuttura assente). Deutsche Ausg. von

Dieser Mitteilungscharakter kommt auch der verschrifteten Sprache, dem Text zu. Wer etwas aufschreibt, will es entweder sich selbst oder anderen erschließen. Er setzt dabei voraus, daß seine Botschaft oder sein Sinn *(meaning)* aufgrund der gemeinsamen Sprache als einem auf Welt und Existenz bezogenen Code oder Zeichensystem[14] grundsätzlich den Anderen verständlich ist.[15] Auch wenn man mit einem gewissen Recht sagen kann, daß die Sprache die Quelle der Mißverständnisse ist,[16] sind diese im kommunikativen Vorgang wohl nur in einem bestimmten, eingeschränkten Sinn die Regel, sondern dank der normaler Weise bestehenden Gemeinsamkeit des Code und einer gemeinsamen Welt die Ausnahme. Je eindeutiger und d. h. konkreter und elementarer die Aussage ist, desto geringer ist die Gefahr des Mißverständnisses; sie wächst dagegen in dem

---

J. Trabant, UTB 105, München 1994[8], S. 17-27, zu gegenwärtigen Mitteln und Problemen der Semiotik außer ebd., passim, *M. Faßler*, Was ist Kommunikation? UTB 1960, München 1997.

14. Zur Rede von der Sprache und ihrem Charakter als einem Zeichensystem, wie sie durch *F. de Saussure*, Cours de linguistique générale, Paris 1916 (1969³) = Grundfragen der allgemeinen Sprachwissenschaft, Berlin 1963² erkannt worden ist, vgl. *H. Vater*, Einführung in die Sprachwissenschaft, UTB 1799, München 1996², S. 12-16, zur kommunikationstheoretischen Erweiterung durch *Ch. S. Peirce* vgl. *U. Eco*, Semiotik, S. 29f., zur Ambivalenz des Codebegriffs als einem System syntaktischer bzw. semantischer Regeln ebd., S. 57-59; zu den Problemen des Ursprungs und der Einheit der Sprache als einem konventionellen, jeweils kulturspezifischen System von Symbolen oder, wie man heute in der Regel zu sagen pflegt, Zeichen vgl. *E. Cassirer*, Versuch über den Menschen. Einführung in eine Philosophie der Kultur (An Essay on Man. An Introduction to a Philosophy of Culture, New Haven 1944), übers. R. Kaiser, PhB 488, S. 170-211. Zur Diskussion über Wesen und Leistung der Sprache seit *G. Frege* vgl. *St. Majetschak*, Artikel Sprache 9., HWP 9, 1995, Sp. 1492-1495, zur Sprachphilosophie seit dem 18. Jh. den einschlägigen Artikel von *U. Dierse*, ebd., Sp.1514-1524 und den Redaktionsartikel über die analytische Sprachphilosophie, ebd., Sp.1524-1527, speziell zu *L. Wittgenstein* auch *M. B.* und *J. Hintikka*, Untersuchungen zu Wittgenstein (Investigating Wittgenstein, Oxford 1984), stb 1224, Frankfurt am Main 1996.

15. Zur Unterscheidung von Textsinn *(meaning)* und Textbedeutung *(significance)* vgl. *E. D. Hirsch, Jr.*, The Aims of Interpretation, Chicago 1976 (ND), S. 2-3; zur Kritik an Hirschs Unterschätzung des prinzipiell individuellen, situations- und damit kommunikationsbezogenen Charakters sprachlicher Äußerungen vgl. *M. Frank*, Das individuelle Allgemeine, stw 544, S. 250-262.

16. Vgl. dazu *A. de St. Exupéry*, Le petit prince, in: *ders.*, Oeuvres, préfac ed R. Gaillons, Bibliothèque de la Pléiade, Paris 1953 (ND), S. 417: *Le langage est source de malentendus* (Die Sprache ist die Quelle der Mißverständnisse).

Maße, in dem sie sich einer Sondersprache bedient, die sich im Rahmen des allgemeinen Code spezialisiert und als solche ein eigenes Sprachspiel im Rahmen des Ganzen einer Sprache darstellt. Andererseits bildet die Grenze der Sprache zugleich die Grenze unserer Welt.[17]

Gleichzeitig besitzt eine sprachliche Gemeinschaft bestimmte geschichtlich gewordene und sich geschichtlich verändernde selbstverständliche Denkvoraussetzungen, welche die Sprech- oder Schreibakte bewußt oder unbewußt regulieren und so den Sinnhorizont der Argumentationen bilden und begrenzen. In ihnen sprechen sich die elementaren Überzeugungen und Erfahrungen aus, die lokal, regional oder überregional epochalen Charakter besitzen und in der Regel als keiner weiteren Begründung bedürftig erachtet werden.

Lesen wir einen Text, der in einer fremden, inzwischen abgestorbenen »toten« Sprache verfaßt ist, so bedarf es in mehrfacher Hinsicht gelehrter Kunstmittel, um seine einem vergangenen Verständnis der Welt angehörende Botschaft zu entschlüsseln. Diese Kunst bezeichnet man im Anschluß an die aristotelische Schrift *Peri Hermeneias* oder *De interpretatione*[18] als Hermeneutik, als die Kunst der Auslegung.[19] In der frühen Neuzeit durch die humanistische Forderung, hinter die kirchliche und juristische Tradition zu den Quellen selbst zurückzugehen, gewann sie zunächst in der protestantischen und als Reaktion darauf auch in der katholischen Theologie und in der Juristik einen neuen Auftrieb. In der nachklassischen Romantik wurde sie unter dem Einfluß des aufziehenden

---

17. *L. Wittgenstein*, Tractatus logico-philosophicus, 5.6, WA 1, Frankfurt am Main 1995², S. 67.
18. Vgl. zu ihrer Eigenart die Einleitung von *H. G. Zekl*, in: *Aristoteles*, Kategorien. Hermeneutik oder vom sprachlichen Ausdruck. Organon. Griechisch-deutsch 2, hg. H. G. Zekl, PhB 493, Hamburg 1998, S. XXIX-LII und bes. S. LII.
19. Vgl. dazu *H.-G. Gadamer*, Klassische und Philosophische Hermeneutik (1968), in: *ders.*, Wahrheit und Methode II, GW 2, Tübingen 1993², S. 92-117 bzw. knapper *ders.*, HWP 3, 1974, Sp.1061-1073 sowie zur Einführung und als Überblicke in die derzeitige Situation der biblischen Hermeneutik mit ihren sehr unterschiedlichen Ansätzen *M. Oeming*, Hermeneutik. Eine Einführung, Darmstadt 1998; *J. Schreiner*, Das Alte Testament verstehen, NEB.AT.E 4, Würzburg 1999. Dagegen beschränken sich die Darstellungen von *A. H. J. Gunneweg*, Vom Verstehen des Alten Testaments. Eine HermeneutikM ATD.E 5, Göttingen 1977 (evangelisch) und *J. Becker*, Grundzüge der Hermeneutik des Alten Testaments, Frankfurt am Main u. a. 1993 (katholisch) auf die Grundfragen der christlichen Auslegung, wobei Becker auch die allgemeine Hermeneutik miteinbezieht.

Historismus zur universalen Kunstlehre der Interpretation von Literaturwerken. Im 20. Jahrhundert wurde sie schließlich im Horizont der Phänomenologie zur universalen philosophischen Methode, der es um die Erweiterung des eigenen Existenz- und Weltverständnisses im Hören auf die Bezeugungen einstiger Daseins- und Weltauslegungen geht. Dieses allgemeine Interesse spezialisiert sich in der christlichen Theologie in die biblische Hermeneutik. Sie dient der oben bereits angedeuteten Erwartung, daß der wie alles Menschliche geschichtlichem Wandel unterworfene christliche Glaube in seinem Gottes-, Welt- und Existenzverständnis durch die den biblischen Texten als Gottesbezeugungen eigene Welt- und Existenzauslegung korrigiert, vertieft und erneuert wird. Dabei bedarf die Theologie jedoch angesichts der Dualität der beiden Testamente und der Vielfalt der in der Schrift enthaltenen Leitlinien zusätzlicher Normen für ihre Lehre und ihr Handeln. Während das Judentum seine Norm in der Tora und ihrer relativ offenen primären Auslegung im Talmud besitzt, ordnen die christlichen Kirchen das Neue Testament dem Alten dogmatisch vor und betrachten Jesus Christus als die eigentliche Mitte der Schrift. Alttestamentliche Aussagen werden daher (vereinfacht gesagt) an dem Lehrgehalt des Neuen Testaments bzw. der drei Artikel des apostolischen Glaubensbekenntnisses und konfessionsspezifisch an den jeweils als maßgeblich betrachteten Lehrentscheidungen gemessen.[20] Da auch die christlichen Glaubensgedanken an der Geschichtlichkeit des Denkens überhaupt teilhaben, vollzieht sich die Suche nach dem Konsens im Dialog zwischen der kirchlichen Tradition und der jeweiligen geistigen Situation.[21] Denn christliches Bekennen, Lehren und Predigen erreicht sein Ziel nur, wenn es verständlich und angemessen erfolgt.[22] Christliche Theologie erfindet Gott nicht, sondern sie legt die Gottesbezeugungen der Schrift im Lichte der Erfahrung des Glaubens der Kirche in einer sich beständig ver-

---

20. Zu den Problemen der gesamtbiblischen Theologie vgl. umfassend *J. Barr*, The Concept of Biblical Theology, Minneapolis 1999, zur deutschsprachigen Diskussion *Ch. Dohmen* und *T. Söding*, Hg., Eine Bibel – zwei Testamente. Positionen Biblischer Theologie, UTB 1893, Paderborn u. a. 1995.
21. Vgl. dazu *W. Härle*, Dogmatik, GLB, Berlin. New York 1995, S. 12-14 und zur Vorgängigkeit der Erkenntnis der Schrift gegenüber dem Dogma der Kirche im fortlaufenden Dialog mit der Auslegung *W. Pannenberg*, Systematische Theologie I, Göttingen 1988, S. 18-26.
22. Vgl. dazu auch *W. Kasper*, Das Glaubensbekenntnis der Kirche 1: Der Gott Jesu Christi, Mainz 1982, S. 16 f.

ändernden Welt aus und bereitet damit gegenwärtige, sich im Hören auf die einstigen aussprechende Gottesbezeugungen vor.[23]

3. Die Aufgabe des Exegeten

Um bei der Auslegung ihre zweifache Aufgabe der Rekonstruktion und der Applikation nicht zu verwechseln und dadurch ihre Geltung aufs Spiel zu setzen, bedarf es einer vorgängigen Verständigung über die Ziele der Auslegung. Diese ergeben sich aus der Unterscheidung zwischen dem Textsinn und der Textbedeutung. Um diese Differenz zu verdeutlichen, sei ein Text mit einer Partitur verglichen. Beide enthalten einen Code, der Text sprachliche Laut- und syntaktische Verbindungs- und Trennzeichen, die Partitur rein tonale Laut- und phraseologische Verbindungs- und Trennzeichen. In beiden Fällen handelt es sich um ein semantisches oder Zeichengefüge, dessen Botschaft der Realisierung bedarf. Der *Text* spiegelt chiffriert eine *Mitteilung*, die Partitur eine absichtsvolle Tonfolge. Den mit beiden verschlüsselten Bedeutungsgehalt nennen wir den *Sinn*. Ihn zu erfassen und zu realisieren bedarf es in beiden Fällen bestimmter Kunstmittel. Im ersten Fall die Kenntnis der Schrift und Sprache, ihrer Formen, Traditionen und ihres geschichtlichen Kontextes, im zweiten die der Noten, Schlüssel und Phrasierungszeichen und ihrer Aufführungspraxis. Sie dienen in beiden Fällen der Angemessenheit des Verständnisses und gegebenenfalls auch ihrer erneuten lautlichen Realisierung, die als solche das Ergebnis eines individuellen, nachvollziehenden Verstehens ist und divinatorischen Charakter besitzt. Nicht anders verhält es sich bei der Auslegung eines Textes: Die implizite oder explizite Kenntnis seiner semantischen und grammatischen Strukturen bildet die Voraussetzung des Verstehens, ist aber selbst bereits ein Akt des Verstehens, der über sie hinausgehend den Sinn der Worte in ihrem Satzgefüge erfaßt.[24] Dabei ist der Leser immer schon ein

---

23. Vgl. dazu *G. Ebeling*, Dogmatik des christlichen Glaubens I, Tübingen 1979 (1987³), S. 19-21.
24. Daß gilt bereits bei dem Erfassen der Schrift und ihrem Verständnis als Wortlaut, *R. Ingarden*, Vom Erkennen des literarischen Kunstwerks, Tübingen = Darmstadt 1968, S. 16-35.

natürliches oder (wie im Fall der Lektüre eines fremdsprachlichen Textes) künstliches Glied der sie verantwortenden Kommunikationsgemeinschaft. Demgemäß ist es eine Illusion, von dem Ausleger die Ausschaltung seiner Subjektivität zu verlangen. Sachgemäß geht es vielmehr darum, daß er sie nicht anders als wie im unmittelbaren Gespräch in der Kommunikation mit dem Text transzendiert.

Eben diesem Zweck dienen die Kunstmittel der Exegese. Sie sollen dem Leser ein methodisch gezügeltes, von unangemessenen Vorurteilen befreites und daher angemessenes Textverständnis ermöglichen. Aber auch als ein solches bleibt es das seines jeweiligen Auslegers, weil es konkretes Verstehen nicht an sich, sondern nur als das eines besonderen und bestimmten Menschen gibt. In diesem Sinne ist die Auslegung eine sich technischer Mittel bedienende Kunst.[25]

Um die dem Ausleger damit gestellte Aufgabe genauer zu durchschauen, bedarf es der Erinnerung an den sogenannten hermeneutischen Zirkel des Verstehens. Er beruht auf der im Dialog mit dem Text waltenden Dialektik zwischen dem Vorverständnis und dem Textverständnis des Rezipienten.[26] Im Prozeß des Lesens und Auslegens des Textes verwandelt sich sein Verständnis. Es verwandelt sich weiterhin aber auch durch das sich wandelnde Selbst- und Weltverständnis des und der Ausleger in der Geschichte. Daher erweist sich schon der Prozeß des Textverständnisses als potentiell unendlich.[27] Demgemäß verrät die Klage darüber, daß die Ex-

---

25. Vgl. *F. Schleiermacher*, Hermeneutik und Kritik, Berlin 1938, Satz 9 und 10, S. 15-18 = hg. M. Frank, stw 211, S. 80-82.
26. *M. Heidegger*, a. a. O., S. 164 = GA I/2, S. 218: »Nur wer schon versteht, kann zuhören.« Zum Problem des Vorverständnisses und des sog. hermeneutischen Zirkels vgl. dazu weiterhin *R. Bultmann*, Das Problem der Hermeneutik, ZThK 47,1950, S. 47-69 = *ders.*, Glauben und Verstehen II, Tübingen 1952 (ND), S. 211-235; *ders.*, Ist voraussetzungslose Exegese möglich?, ThZ 13, 1957, S. 409-417 = *ders.*, Glauben und Verstehen III, Tübingen 1960 (ND), S. 142-150; *H.-G. Gadamer*, Wahrheit und Methode, Tübingen 1960, S. 250-269 = *ders.*, GW 1, Tübingen 1990, S. 270-290; *ders.*, Vom Zirkel des Verstehens, in: FS M. Heidegger, Pfullingen 1959, S. 24-35 = *ders.*, GW 2, S. 57-65 bzw. knapp *O. Kaiser*, Zwischen Interpretation und Überinterpretation: Vom Ethos des Auslegers, in: Var.herm. 6, Neuchâtel 1997, S. 53-70, bes. S. 58-61 = *ders.*, Studien zur Literaturgeschichte des Alten Testaments, FzB, Würzburg 2000, S. 230–247; zu dem im Fortgang der Interpretation selbst waltenden Zirkel, daß das Einzelne nur aus dem Ganzen und das Ganze nur aus dem Einzelnen verstanden werden kann, vgl. *M. Frank*, Das individuelle Allgemeine, stw 544, S. 305-313.
27. Vgl. *N. Boyle*, Goethe. Der Dichter in seiner Zeit II: 1791-1803 (Goethe, The

egeten zu keinem Endergebnis kämen, ebenso ein fundamentales Mißverständnis des Verstehensprozesses wie der Geschichtlichkeit des Daseins und damit auch seiner Auslegung, über die sich auch die Geisteswissenschaften nicht erheben können. Würde der Ausleger sein Vorverständnis schlechthin ausschalten, verstünde er überhaupt nichts. Denn obwohl Verstehen auf der Teilhabe an dem Allgemeinen der Sprache und der Schrift beruht, vollzieht es sich konkret nur als ein je-meiniges und mithin individuelles. Der Leser verbindet mit den in den Schriftzeichen, Worten und Sätzen enthaltenen bedeutungsvollen Aussagen bereits bestimmte, durch seine eigene Erfahrung und die Teilhabe an einem transsubjektiven Kommunikationsprozeß bestimmte Vorstellungen. Diese ermöglichen ihm das Textverständnis ebenso wie sie es begrenzen. Daher muß er sich darum bemühen, diese Grenzen zu erweitern und in einem Prozeß der unendlichen Annäherung dem transzendentalen (weil alle Möglichkeiten geschichtlich gebundener Erfahrung hinter sich lassenden) Ideal der Gleichzeitigkeit mit seinem Text zu entsprechen. Das Ergebnis des entsprechenden, methodisch gezügelten Bemühens des Auslegers, dem seinem Text als bedeutungsvollem Zeichensystem immanenten Sinn so gut er es vermag zu entsprechen, bezeichnen wir als Angemessenheit. Demgemäß wird von dem Ausleger nicht anders als von dem Sänger, Instrumentalisten oder Dirigenten erwartet, daß er den Sinn des vor ihm liegenden Text angemessen zu erfassen und auszulegen versucht. Dabei kann er den Text gegebenenfalls in der Tat besser verstehen als der Autor, der seine Aufmerksamkeit möglicherweise nur auf seine Botschaft, aber nicht auf die dafür eingesetzten sprachlichen Mittel konzentriert oder auf die Konsequenzen seiner Mitteilung gerichtet hat.[28]

Doch muß sich der Ausleger gerade in diesem Fall hüten, die ihm gesteckten Grenzen als Anwalt seiner Texte nicht vorschnell zugunsten seiner zweiten Rolle als Anwalt des Lesers auszutauschen. Denn andernfalls verfehlt er seine erste und eigentliche Aufgabe, sich selbst und seinen Rezipienten die Begegnung mit dem Text und seinen ihm spezifischen Denkvoraussetzungen zu ermöglichen. Daher sollte er die zweite Aufgabe

---

Poet and the Age II, Oxford 1999). Aus dem Engl. übers. H. Fliessbach, München 1999, S. 405: »Sprache ist dazu da, zu deuten und gedeutet zu werden, und kann letzten Endes von diesem Zweck nicht abgelenkt werden; aber der Prozeß der Deutung kommt erst in der idealen Welt an sein Ende, das heißt: in der realen Welt ist er endlos.«

28. Vgl. dazu O. F. *Bollnow*, Versehen, 1949, S. 7-33 bzw. *M. Frank*, ebd., S. 358-364.

reinlich von seiner ersten trennen, weil er sonst dem Text aus einem vermeintlichen Besserwissen *a priori* den Dialog verweigert.[29] Wer zu einer Aussage Stellung nehmen will, sollte sie erst verstanden haben. Da sich der Text nicht wehren und die Einwürfe des Lesers nicht reaktiv beantworten kann, schuldet es ihm der Ausleger, ihn seine Sache ausreden zu lassen. Das gilt auch für den christlichen Ausleger des Alten Testaments. Seit dem Wissen um den historischen Unterschied der Zeiten kann er anders als partiell seine Vorgänger im Altertum und im Mittelalter das Alte Testament nicht sogleich christlich auslegen, sondern er muß ihm als sein Anwalt sein eigenes Recht und seine eigene Stimme belassen. Erst wenn er den im Judentum der zwischentestamentlichen Zeit und weiterhin den in der christlichen Kirche selbst durchlaufenen Wandel des Schriftverständnisses kennt und den eigenen Standort systematisch reflektiert hat, kann er es wagen, sich angemessen und das bedeutet: wiederum methodisch gezügelt, über die Bedeutung des Alten Testaments als eines Ganzen oder eines einzelnen seiner Texte für den gegenwärtigen christlichen Glauben zu äußern. Andernfalls dienen die Worte der Bibel nicht anders als die aller Früheren lediglich dazu, sich der vermeintlichen Überlegenheit seines eigenen Existenz- und Weltverständnisses zu vergewissern, indem man ihre Stimme zum Schweigen bringt.

Vergleichen wir die Aufgabe des Auslegers noch einmal mit der eines Musikers. Beide sollten sich der Aufgabe verpflichtet wissen, ihre Texte bzw. Partituren nicht ihren Einfällen auszuliefern, sondern angemessen auszulegen bzw. werkgetreu aufzuführen. Daher pflegen die Musikkritiker neben der Partitur gelegentlich selbst noch ihr Metronom zu benutzen, um die Angemessenheit und zugleich die Individualität der Aufführung zu erkennen. Die erste und vornehmste Aufgabe des Auslegers besteht also darin, den Sinn des Textes zu erfassen und ihm mit eigenen Worten Gehör zu verschaffen. Im Fortgang der Auslegung kommt es zu einem immer neuen Dialog zwischen dem Selbstverständnis des Textes und dem des Auslegers, in dem sich ihm das spezielle Sprachspiel des Textes erschließt.

---

29. Vgl. dazu *H.-G. Gadamer*, Klassische und philosophische Hermeneutik, in: ders., Wahrheit und Methode II, GW 2, Tübingen 1993², S. 114-117 und dann ders., Hermeneutik und Ideologiekritik, ebd, S. 232-250 und *ders.*, Replik zu Hermeutik und Ideologiekritik, ebd., S. 251-275. Daß Veränderung nicht automatisch mit Fortschritt gleichzusetzen ist, sondern dieser Einsicht in das System voraussetzt, das überstiegen werden soll, hat *R. G. Collingwood*, Philosophie der Geschichte (The Idea of History, Oxford 1946), übers. G. Herding, Stuttgart 1955, S. 349 in Erinnerung gerufen.

Das verlangt mehr von ihm als eine formal richtige Übersetzung und ein Jonglieren mit dem Wortschatz des Textes. Er hat den Text vielmehr in seiner Vergangenheit zu erkennen und damit zugleich aus ihr zu befreien, indem er ihn vergegenwärtigt, ohne sich dabei an dem Textsinn zu vergreifen. Oder um es pointiert zu sagen: *Die Grenzen der Interpretation fallen zusammen mit den Rechten des Textes.*[30]

Wie aus dem bisher Ausgeführten bereits deutlich geworden sein dürfte, ist die Frage nach dem Textsinn nicht mit der nach seiner gegenwärtigen *Bedeutung (significance)* identisch. Einerseits erschließt sich bei einer angemessenen, die in dem Text enthaltene Auslegung des Daseins nachvollziehenden Erschließung des Textsinns zugleich seine gegenwärtige generelle deklarative, affirmative oder adversative Bedeutung. Damit sind die Grenzen seiner Gegenwartsbedeutung abgesteckt, aber diese noch längst nicht bestätigend, einschränkend oder ablehnend konkretisiert. Der Ausleger sollte als solcher auch bei der Wahrnehmung seiner zweiten Aufgabe, in der er sich als Anwalt seiner Leser versteht, sofern es sich in seinen Texten nicht um individuelle Fakten, sondern um Aussagen über die Stellung des Menschen vor Gott und dem Anderen in der Zeit handelt, die Grenze der generalisierenden Auslegung und d. h. der existentialen Interpretation nicht überschreiten.[31] Er hat also seine zweite Aufgabe so wahrzunehmen, daß er damit den potentiell unendlichen individuellen Bedeutungen nicht vorgreift, die sich aus der potentiell unendlichen Zahl der individuellen Situationen und damit zugleich Vorverständnisse ergibt, sondern ihnen die angemessenen Bahnen absteckt. Was für den einen ein Trost ist, kann für einen anderen eine Provokation darstellen und einen dritten gleichgültig lassen. Diese individuellen Bedeutungen zu erschließen ist Aufgabe des Lesers, des Predigers oder des Dichters, aber nicht des Exegeten. Der Ausleger als solcher bereitet den Dialog zwischen dem Text und dem heutigen Rezipienten vor, indem er seine Mittlerposition zwischen beiden nicht verläßt, die sich zwar als solche im Horizont seines Vorver-

---

30. *U. Eco*, Die Grenzen der Interpretation (I limiti dell'interpretazione, Mailand 1990), übers. G. Memmert, dtv Wissenschaft 4644, München 1995, S. 22.
31. Vgl. dazu *R. Bultmann*, Die Bedeutung der »dialektischen Theologie« für die neutestamentliche Wissenschaft, in: *ders.*, Glauben und Verstehen I, Tübingen 1954² (ND), S. 144-133, bes. S. 124-128; *H. Hübner*, Was ist existentiale Interpretation?, in: *B. Jaspert*, Hg., Bibel und Mythus. Fünfzig Jahre nach Rudolf Bultmanns Entmythologisierungsprogramm, KVR 1560, Göttingen 1991, S. 9-37; *O. Kaiser*, Abschied von der existentialen Interpretation?, ebd., S. 114-126.

ständnisses vollzieht, dieses aber nicht in den Vordergrund rückt. Verläßt er diese ihm eigentümliche Stellung, so sollte er es im Sinne der Redlichkeit ausdrücklich kenntlich machen.

Verboten ist es dem Ausleger, seine ideologiekritischen Gesinnungen zum Vorzeichen seiner Interpretation zu machen und damit a priori seinen Text wie ein Richter einem Verhör zu unterwerfen, weil er ihm damit die Kommunikation verweigert und die seiner Leser verhindert.[32] Wer dagegen auf dem Dialog mit dem Text als dem vorerst gleichberechtigten Partner beharrt, verfällt damit noch lange nicht dem Historismus, sondern er erweitert den Horizont des gegenwärtigen Welt- und Existenzverständnisses, indem er es mit einem anderen konfrontiert. Der Dialog mit den biblischen Texten stellt dem Verständnis der Welt als dem Ort des Machbaren und des Menschen als des Manipulierbaren ein anderes gegenüber, in dem die Welt als Schöpfung Gottes Ermöglichung des gemeinsamen Lebens, das Leben des Menschen Gabe und Aufgabe und der Andere der unerkannte in seiner Kreatürlichkeit und Sterblichkeit der Andere meiner selbst ist, den es in Hut zu nehmen gilt. Soll das wissenschaftlich und mithin theologisch verantwortet geschehen, bedarf das Ergebnis des Exegeten seiner Reflexion im Horizont der Diskussion des Ganzen der wissenschaftlichen Theologie. Das bedeutet, daß der Alttestamentler die Frage im Auge behalten muß, wie sich sein konkreter Text in den Prozeß der biblischen Überlieferung als ganzer, ihrer Auslegung in der Kirchengeschichte im Horizont gegenwärtigen theologischen Denkens einordnet.

Die Hochschätzung der historisch-kritische Auslegung der Bibel ist offensichtlich beachtlichen Schwankungen unterworfen. Diese wird solange keinen Schaden anrichten, als die Exegeten nicht meinen, sie könnten die systematischen und praktischen Fächer entbehrlich machen, und deren Vertreter nicht vergessen, daß die Vernachlässigung der Exegese zur Verwilderung der Theologie, der Verarmung der Predigt und schließlich zur Auslieferung der Kirche an das Schwärmertum führt. Da ein kritischer Umgang mit der bibelwissenschaftlichen Literatur die Kenntnis der in ihr zugrunde gelegten Methoden voraussetzt, ist auch weiterhin zu verlangen, daß sie von jedem angehenden Theologen erworben wird. Dabei ist zu berücksichtigen, daß jede sekundäre wissenschaftliche Befragung biblischer Texte unter historischen, religionsgeschichtlichen, soziologischen oder sonstigen Gesichtspunkten vorgängig ihre in leidenschaftlicher Leidenschaftslosigkeit erfolgte Exegese voraussetzt. Welt- und Existenzerhel-

---

32. Vgl. dazu auch *H.-G. Gadamer*, Wahrheit und Methode II, S. 114-116.

lung sind die Voraussetzung für alles sinnvolle Handeln. Daher hat sich nicht die Wissenschaft an der Praxis, sondern die Praxis an der Wissenschaft zu orientieren. Das bedeutet, daß die Theologie wie jede Wissenschaft ihrem politischen und sozialen Auftrag entspricht, indem sie ihre Forschungen streng an der Sache ausrichtet; denn nicht von der Sache bestimmte Ergebnisse sind lediglich die Wurzel weiterer Irrtümer.

4. Die exegetische Leitfrage und der innere Zusammenhang der exegetischen Schritte

Die Leitfrage des Exegeten besteht scheinbar aus einer bloßen Zusammensetzung von Interrogativpronomina. Sie lautet: *Wer hat was wie warum wem wann und wo gesagt.* Etwas leserfreundlicher ausgedrückt fragt sie nach dem Text (1), seiner äußeren und inneren Form (2), seinem Gehalt und seiner Botschaft (3), seiner Tendenz (4), seinem Adressaten (5) und seiner Entstehungszeit und seinem Entstehungsort (6). Bei der Exegese der biblischen Texte steht am Anfang eine Rohübersetzung. Sie wird durch die nachfolgenden exegetischen Schritte kontrolliert und berichtigt. Da die biblischen Bücher primär handschriftlich überliefert worden sind, stellt ihr Text keine eindeutige Größe dar. Daher bedarf es zu Beginn der eigentlichen Exegese der Textfeststellung oder Textkritik. Auf sie folgt die Analyse seiner Struktur oder seines Aufbaues. Bei ihr lassen sich unter textlinguistischem Gesichtspunkt die ornamentale innere und der strukturale äußere Form unterscheiden. Häufig reicht es aus, wenn sich der Ausleger auf die zweite Aufgabe beschränkt und lediglich die innere Kohärenz des Textes untersucht. Schon diese Untersuchung führt zu der Einsicht, ob es sich bei dem Text um eine primäre, einschichtige oder eine sekundäre zwei- oder mehrschichtige Größe handelt. Doch ehe der Ausleger dieser Frage weiter nachgeht, empfiehlt es sich, den regulären nächsten Arbeitsschritt vorzunehmen und die Gattung des Textes zu bestimmen. Weil zu den einzelnen Gattungen bestimmte Formelemente gehören, ergibt die einschlägige Analyse möglicherweise Hinweise auf gattungsfremde und mithin vermutlich sekundäre Textsegmente. Besteht aufgrund der Untersuchung der äußeren Form und/oder der Gattung ein Verdacht, daß der Text eine sekundäre literarische Einheit darstellt, bedarf es zur endgültigen Aufklärung des Befundes einer genaueren Untersuchung des Sprachgebrauchs, der Motive und ihrer traditionsgeschichtlichen Herkunft. Sollte es sich bei dem untersuchten Text um eine mehrschichtige Größe handeln, so ist zunächst die Grundschicht im Sinne einer Einzel- und Zusammenhangsexegese auszulegen. Wird sie in angemessener Weise durchgeführt, führt sie von selbst zu der hypothetischen Beantwortung der tendenzkritischen Frage nach dem *cui bono*, nach dem Interesse des Textes und damit zugleich seiner historisch-situativen Einbettung. Ist das für die Grundschicht geklärt, sind die sekundären Textsegmente unter besonderer Berücksichtigung ihres funktionalen Zusammenhangs mit dem jeweils älteren, durch sie erweiterten Text entsprechend auszulegen. Dabei ergibt es sich von selbst, ob eine abschließende Zusammenhangsexegese erforderlich ist oder nicht. Aufgrund der im Verlauf des ganzen exegetischen Prozesses gewonnenen Einsichten ersetzt der Ausleger am Ende seine Rohübersetzung durch eine den Befunden gemäße Wiedergabe. Sie steht unter der Regel, dem Wortlaut ihrer Vorlage so nahe wie möglich zu bleiben und sich von ihm nur so weit wie nötig zu entfernen. Ihrem Wesen nach stellt die angemessene Übersetzung das Ergebnis der Auslegung dar.

5. Der Text des Alten Testaments

5.1 Die Hebräische Bibel

Die Grundlage für jede wissenschaftliche Beschäftigung mit dem Alten Testament und die selbstverständliche Basis der exegetischen Arbeit bildet ein zuverlässig und kritisch edierter Text in der Ursprache.[33] Wir besitzen ihn in Gestalt der von *Rudolf Kittel* herausgegebenen *Biblia Hebraica* (1937³) und der von *Karl Elliger* und *Wilhelm Rudolph* betreuten *Biblia*

---

33. Es sei hier ein für allemal darauf hingewiesen, daß die wichtigsten Versionen und Hilfsmittel elektronisch zugänglich sind. Als das derzeit bekannteste Programm sei hier CD-Rom für Windows *Bible Works* for Exegetical and Expositional Excellence, Hermeneutika, Computer Bibel Research Software, Bigfork/MT (htpp://www.intr.net/bibleworks) erwähnt.

Hebraica Stuttgartensia (1966/77; 1990⁴). In Vorbereitung befindet sich die mit einem unfangreicheren textkritischen Apparat versehene *Biblia Hebraica*⁵, die unter dem Vorsitz von *Adrian Schenker* herausgegeben wird.³⁴ Auch sie legt wie ihre beiden Vorgängerinnen den sogenannten Codex Leningradensis aus dem Jahre 1008 n.Chr. als den ältesten vollständigen masoretischen Bibeltext zugrunde.

5.2 Die Hilfsmittel zur Erschließung der Hebräischen Bibel

Als Hilfsmittel für die Übersetzung bedarf es eines wissenschaftlichen *Hebräischen und Aramäischen Lexikons*.

Als klassisch darf immer noch das *Hebräische und Aramäische Handwörterbuch* von *Wilhelm Gesenius* in 17. Auflage bearbeitet von *Frants Buhl*, Leipzig 1921 (ND Berlin, Heidelberg u. a. 1962) genannt werden. Es wird durch die im Erscheinen begriffene 18., von *Rudolf Meyer, Herbert Donner* unter Mitarbeit von *Udo Rüterswörden* betreute Auflage, Berlin, Heidelberg u. a. I 1987; II 1995 ersetzt. Den Fortschritt der Lexikographie seit dem Ersten Weltkrieg dokumentiert derzeit umfassend das von *Ludwig Köhler* und *Walter Baumgartner* begründete und in seiner 3. Auflage von *Johann J. Stamm* und *Benedikt Hartmann* unter Mitarbeit von *Philippe Reymond* verantwortete *Hebräische und Aramäische Lexikon zum Alten Testament*, Leiden 1967-1996. Alle drei stellen einen für die grundlegende Bestimmung ausreichenden Formenbestand und ebenso ein durch Belegstellen untermauertes Bild der semantischen Breite der Lexeme zur Verfügung. Dank der sachlichen Anordnung der Belege besitzen sie den Wert einer knappen Konkordanz. Dagegen dient das *Hebräische und Aramäische Wörterbuch zum Alten Testament* von *Georg Fohrer* und *Mitarbeitern*, Berlin, New York 1997³ als Taschenlexikon lediglich der semantischen Grundinformation. Nicht unerwähnt bleiben darf das im Erscheinen begriffene, von *David A. J. Clines* herausgegebene, bisher neun Bände umfassende *Dictionary of Classical Hebrew*, Sheffield 1993 ff. und das *Dictionary of North West Semitic Inscriptions* von *Jakob Hoftijzer* und *K. Jongeling*, I-II, Leiden 1995, weil beide auch die für die Exegese fallweise relevanten nichtbiblischen Texte ihrer sprachlichen Umwelt erschließen. Letzteres ersetzt *Charles F. Jean* und *Jacob Hoftijzer*, Dictionnaire des inscriptions sémitiques de l'Ouest, Leiden 1965.

Neben das wissenschaftliche Lexikon gehört eine entsprechende *Grammatik*, die nicht nur die *Formenlehre*, sondern auch die *Syntax* berücksichtigt.

Als Klassiker verdient noch immer die zuletzt von *Emil Kautzsch* betreute 28. Auf-

---

34. Derzeit liegt nur eine das Büchlein Rut enthaltende Probelieferung von *J. de Waard*, Stuttgart 1998, vor.

lage der *Hebräischen Grammatik* von *Wilhelm Gesenius*, Leipzig 1909 (ND Darmstadt 1991 mit der die Einleitung, Schrift- und Lautlehre sowie das Verb umspannenden, auf ihr basierenden Neubearbeitung von *Gotthelf Bergsträsser* I und II, Leipzig 1918 und 1929) an erster Stelle Erwähnung. Ihre von *Arthur E. Cowley* besorgte englische Ausgabe, Oxford 1910 (ND) ist noch immer erhältlich. Nicht weniger bedeutend sind auf ihrem Feld die *Historische Grammatik der Hebräischen Sprache des Alten Testaments* von *Hans Bauer* und *Pontus Leander*, Halle 1922 (ND Hildesheim 1962) sowie beider *Grammatik des Biblisch-Aramäischen*, Halle 1927 (ND Hildesheim 1969). An neueren einschlägigen Werken seien die dank ihrer sprachgeschichtlichen Orientierung das Gedächtnis entlastende *Einführung in das Biblische Hebräisch. Mit einem Anhang: Biblisches Aramäisch für Kenner und Könner des Biblischen Hebräisch* von *Rüdiger Bartelmus*, Zürich 1994, die anspruchsvollere *Hebräische Grammatik* von *Rudolf Meyer* mit einem Nachwort von *U. Rüterswörden*, Berlin, New York 1992 (früher: Hebräische Grammatik I-IV, 3. Aufl., SG 763-764; 5765 und 4765, Berlin, New York 1972), die an ihr orientierte *Hebräische Studiengrammatik* seiner Schülerin *Jutta Körner*, Leipzig 1986[2] und die von *Takamitsu Muraoka* revidierte englische Ausgabe der *Grammaire de l'hebreu biblique* von *Paul Joüon*, Rom 1923 (ND 1965) in Gestalt der *Grammar of Biblical Hebrew* I/1: *Orthography and Phonetics*, I/2: *Morphology* und II: *Syntax. Paradigms and Indices*, SubBib 14/1-2, Winona Lake/IN 1991 vorgestellt. Zum Problem der Aramaismen im Biblischen Hebräisch vgl. *Emil Kautzsch*, Die Aramaismen im Alten Testament I: Lexikalischer Teil, Halle 1902 und *Max Wagner*, Die lexikalischen und grammatikalischen Aramaismen im alttestamentlichen Hebräisch, BZAW 96, Berlin 1966. Bei ihrer Benutzung ist der seither veränderten literargeschichtlichen Einordnung der Texte Rechnung zu tragen. Als hilfreich erweist sich bei der Bestimmung entlegener Formen das *Analytical Hebrew and Chaldee Lexicon* von *Benjamin Davidson*, Peabody, MA 1992. Als weiterführende Darstellungen der hebräischen Syntax verdienen neben den klassischen Werken der *Hebrew Syntax* von *A. B. Davidson*, Edinburgh 1901[3], neu vorgelegt von *J. C. L. Gibson*, 4ed., Edinburgh 1994 und der *Hebräischen Syntax* von *Carl Brockelmann*, Neukirchen Kr. Moers 1956 die umfangreiche *Introduction to Biblical Hebrew Syntax* von *Bruce K. Waltke* und *M. O'Connor*, Winona Lake/IN 1990 (1995[5]) an dieser Stelle besondere Hervorhebung. Schließlich sind hier auch die knappe *Grammar of Biblical Aramaic* von *Franz Rosenthal*, Wiesbaden 1961, die *Altaramäische Grammatik mit Bibliographie, Chrestomathie und Glossar* von *Stanislav Segert*, Leipzig 1975 und als Klassiker auf ihrem Feld die *Grammatik des Jüdisch-Palästinischen Aramäisch* von *Gustav Dalman*, Leipzig 1905[2] (zusammen mit seinen *Aramäischen Dialektproben* nachgedruckt Darmstadt 1960) genannt. Als Spezialgrammatik für das Hebräisch der Qumranschriften steht *The Hebrew of the Dead Sea Scrolls* von *Eisha Qimron*, HSSt 29, Atlanta/Georgia 1986 zur Verfügung. Der speziellen bzw. der vergleichenden sprachgeschichtlichen Orientierung dienen *A History of the Hebrew Language*, von *Eduard Y. Kutscher*, ed. R. Kutscher, Jerusalem 1984 bzw. die *Einführung in die semitischen Sprachen. Sprachproben und grammatische Skizzen* von *Gotthelf Bergsträsser*, München 1928 (zusammen mit dem Aufsatz *Zur Syntax der Sprache von Ugarit* von *Carl Brockelmann*, Or 10,1961, S. 223-240 nachgedruckt Darmstadt

1963) sowie *Semitic Languages: Outline of a Comparative Grammar* von *Edward Lipinski*, OLA 80, Leiden 1997.

Ebenso unentbehrlich erweist sich eine *hebräische Konkordanz*. Sie läßt sich als Hilfsmittel bei der Bestimmung schwieriger Formen und zur umfassenden Sichtung der Verwendung eines Lexems als Basis für seine semantische und traditionsgeschichtliche Erhellung einsetzen.

Eine vollständige Konkordanz aller Belegstellen bieten die *Veteris Testamenti Concordantiae Hebraicae atque Chaldaicae* von *Solomon Mandelkern*, 2. Aufl. *F. Margolin* I-II, ND Graz 1955 bzw. hg. von *M. H. Goshen-Gottstein*, Jerusalem 1971[9] und die *New Concordance of the Bible* von *Abraham Even-Shoshan*, Jerusalem 1989. Der »Mandelkern« ordnet die Belege ausschließlich nach grammatischen, der Even-Shoshan außerdem nach sachlichen Gesichtspunkten. Ähnlich wie er verfährt die *Konkordanz zum Alten Testament* von *G. Lisowsky*, Stuttgart 1958 (1993); sie reicht allerdings nur für den Hausgebrauch, aber nicht für eine grundlegende semantische Nachprüfung aus.

Es erleichtert die weitere Arbeit, wenn sich der Ausleger gegebenenfalls neben der Grundbedeutung oder den grundlegenden Bedeutungsmöglichkeiten eines Lexems auch die nach seiner Voreinschätzung im vorliegenden Kontext in Frage kommenden Bedeutungsvarianten notiert.

5.3 Die Griechische Bibel

Die nach ihrer legendären Entstehung als *Septuaginta*, als Übersetzung der Siebzig bezeichnete Griechische Bibel gewinnt nicht nur als ein selbständiger Textzeuge sondern auch als frühjüdische Auslegung der Schrift an Bedeutung. Das schlägt sich in ihren in Arbeit befindlichen Übersetzungen und Kommentierungen nieder. Der Studierende benötigt für seinen alltäglichen Umgang jedenfalls als Studienausgabe die von *Alfred Rahlfs* edierte *Septuaginta* nebst der dazugehörigen Konkordanz von *Edwin Hatch* und *Henry A. Redpath*.

Neben der Studienausgabe von *Alfred Rahlfs*, Septuaginta. Id est Vetus Testamentum Graece iuxta LXX interpretes I-II wird auch der Student fallweise (soweit vorhanden) die Bände der Göttinger Akademieausgabe heranziehen, die wie der Rahlfs einen eklektischen oder kritisch rekonstruierten Text bieten. Dagegen bietet die von *Alan E. Brooke*, *Norman McLean* und *Henry St. Thackeray* edierte Cambridger Septuagintaausgabe, die zwischen 1906 und 1940 erschienen ist und die Bücher Genesis bis Nehemia sowie Esther, Judit und Tobit enthält, als Grundtext den Codex Vaticanus, dessen Lücken sie gegebenfalls nach den Codices Alexandrinus oder Sinaiticus schließt. Eine Einführung in die Septuagintaforschung bieten

Henry St. Thackeray, An Introduction to the Septuagint, Cambridge 1914 (ND 1968) und *Sidney Jellicoe*, The Septuagint and Modern Study, Oxford 1968 (ND Winona Lake/Indiana 1993), ein Spezialwörterbuch *Johan Lust, E. Eynikel* und *K. Hauspie*, coll. *G. Chamberlain*, A Greek-English Lexicon of the Septuagint I-II, Stuttgart 1992 und 1996; der Erschließung dient *Edwin Hatch* und *Henry A. Redpath*, A Concordance to the Septuagint I-II, Oxford 1897 (ND Graz 1954), mit der Ergänzung von *Takamitsu Muraoka*, Hebrew/Aramaic Index to the Septuagint: Keyed to the Hatch-Redpath Concordance, Grand Rapids und Edinburgh 1998, zu ihrer textkritischen Verwendung *Emanuel Tov*, The Text-Critical Use of the Septuagint in Biblical Reseaerch, 2nd. rev. editon, Jerusalem Biblical Studies 8, Jerusalem 1997 und zu ihrer Hermeneutik *Hennig Graf Reventlow*, Hg., Theologische Probleme der Septuaginta und der hellenistischen Hermeneutik, VWGTh 11, Gütersloh 1997.

5.4 Die Apokryphen oder Deuterokanonischen Bücher

Die nur in der Griechischen Bibel überlieferten Bücher aus spät- und nachalttestamentlicher Zeit werden von den evangelischen Kirchen als *Apokryphen* bezeichnet und sind demgemäß allenfalls im Anhang ihrer Bibelübersetzungen enthalten. In der römisch-katholischen und der orthodoxen Kirche werden sie durchaus angemessen als *Deuterokanonische Schriften* betrachtet und daher zum Kanon gerechnet. Für den wissenschaftlichen Gebrauch sollte schon wegen der in den gängigen Bibelübersetzungen schwankenden Einteilung auf entsprechende wissenschaftliche Bearbeitungen zurückgegriffen werden, die in der Regel auch die Pseudepigraphen aus der Spätzeit des zweiten Tempels enthalten.

Auf Deutsch liegen vor: *Emil Kautzsch*, Hg., Die Apokryphen und Pseudepigraphen des Alten Testaments I: Apokryphen; II: Pseudepigraphen, Tübingen 1900 (ND); *Paul Rießler*, Altjüdisches Schrifttum außerhalb des Alten Testaments, Augsburg 1928 (ND) und *Werner G. Kümmel* bzw. *Hermann Lichtenberger*, Hg., Jüdische Schriften aus hellenistisch-römischer Zeit, Gütersloh, I: Historische und legendarische Erzählungen (1973 ff.); II: Unterweisung in erzählender Form (1980-1999); III: Unterweisung in lehrhafter Form (1980 ff.); IV: Poetische Schriften (1974-1983); V: Apokalypsen (1979 ff.). Englisch liegen vor: *Robert. H. Charles*, Hg., The Apocrypha and Pseudepigrapha of the Old Testament, Oxford 1913 (ND) und *James H. Charlesworth*, Old Testament Pseudepigrapha I: Apocalyptic Literature and Testaments, London 1983; II: Expansions of the ›Old Testament‹ and Legends, Wisdom and Philosophical Literature, Prayers, Psalms, and Odes, Fragments of Lost Judeo-Hellenistic Works, Garden City/N.Y. 1986. Eine Auswahl von Qumranschriften und Pseudepigraphen in französischer Übersetzung bietet *La Bible. Écrits intertestamentaires*, ed. *A. Dupont-Sommer* und *M. Philonenko*, Bibliothèque de la Pléiade, Paris 1987. Zur Einführung in die griechischen Pseudepigraphen vgl. *Albert-Marie Denis*, Introduction aux pseudepigraphes grecs d'Ancien Testament, SVTP 1, Leiden u.a. 1970, zu ihrer Bearbeitung *ders.*, Concordance greque des pseudépigraphes d'Ancien Testament, Louvain-la-Neuve 1987, die für ihre Bearbeitung unentbehrlich ist und in ihrem *Corpus des textes* (S. 813-925) die griechischen Texte bietet.

5.5 Die Lateinische Bibel

Schon wegen ihrer Bedeutung für die Geschichte der westlichen Kirche, aber auch wegen ihrer Bedeutung als indirektem Textzeugen für die Hebräische Bibel sollte der Studierende die lateinische Bibel in der von dem Kirchenvater Hieronymus geschaffenen Übersetzung der *Vulgata* zur Hand haben. Sie steht in der allen wissenschaftlichen Zwecken gemäßen zweibändigen Ausgabe von *Robert Weber* zur Verfügung.[35]

5.6 Die Deutsche Bibel

Neben der Hebräischen Bibel und ihren beiden wichtigsten alten Übersetzungen in Gestalt der Septuaginta und Vulgata benötigt nicht nur der Anfänger zu schneller Orientierung eine wissenschaftlichen Ansprüchen genügende Bibelübersetzung. Er kann dabei auf die von *Emil Kautzsch* und *Alfred Bertholet* herausgegebenen *Heiligen Schrift des Alten Testaments*[36] zurückgreifen, doch erfüllt eine Luther- oder eine Zürcherbibel[37] nebst einer dazu passenden Bibelkonkordanz durchaus ihren Zweck.[38]

---

35. R. *Weber*, Biblia Sacra iuxta vulgatam versionem I-II, Stuttgart 1975²; dazu als Konkordanz B. *Fischer*, Novae Concordantiae Biblicoum Sacrororum iuxta vulgatam versionem I-V, Stuttgart 1976f. und F. *Stummer*, Einführung in die lateinische Bibel, Paderborn 1928.
36. Tübingen I: 1922; II: 1923⁴(ND).
37. Wenn ich hier die Einheitsübersetzung nicht nenne, hat das keine konfessionalistischen sondern sachliche Gründe; denn ihr Text ist partiell in homiletisch-liturgischem Interesse geglättet.
38. Vgl. dazu z.B. *Die Große Konkordanz zur Lutherbibel*, Stuttgart und Konstanz 1993³ oder die *Bibel von A-Z. Wortkonkordanz zur Lutherbibel 1984*, Stuttgart 1994² bzw. die Zürcher Bibel Konkordanz I-III, bearb. *K. Huber* und *H. H. Schmid*, Zürich 1984³.

6. Der Anfang der Exegese: Das laute Lesen und die Rohübersetzung des Textes

Vor und nach der Herstellung einer Rohübersetzung als der ersten schriftlichen Form der Auslegung sollte der Text mehrfach in zeitlichen Abständen laut gelesen werden, so daß der Exeget den ganzen Text in seinem ursprünglichen Wortlaut überblickt und nicht er dem Text, sondern der Text ihm seine Verständnisfragen stellt. Die *Rohübersetzung* besitzt einen nur vorläufigen Charakter, denn sie bedarf gemäß der bei den weiteren exegetischen Schritten erzielten Einsichten fortlaufend der Verbesserung. Daher bildet die Herstellung der *endgültige Übersetzungen* den Abschluß der Auslegung, obwohl sie in der Regel an ihrem Anfang wiedergegeben wird.

7. Die Textkritik

7.1 Die Aufgabe der Textkritik, die Textzeugen und die Textgeschichte

Der nächste exegetische Schritt besteht in der Textherstellung oder Textkritik. Da die alttestamentlichen Bücher und ihre Teile zwischen anderthalb- und zweieinhalbtausend Jahren handschriftlich überliefert worden sind, haben wir mit allen bei dieser Tradierung üblichen und uns weithin auch aus der eigenen Praxis des Abschreibens bekannten unbewußten Entstellungen[39] wie bewußten Änderungen[40] zu rechnen. Daraus folgt, daß der zu erklärende Text erst gewonnen werden muß. Während man im Idealfall einer wissenschaftlichen Textedition alle erreichbaren Textzeugen unter Zugrundelegung der ältesten vollständigen Handschrift in der Ursprache heranzieht, wird sich der Studierende bei seiner eigenen exegetischen Arbeit in der Regel schon aus sprachlichen und zeitlichen Gründen

---

39. Vgl. dazu *E. Würthwein*, Der Text des Alten Testaments, Stuttgart 1988⁵, S. 118-122 bzw. *E. Tov*, Der Text der Hebräischen Bibel, Stuttgart u. a. 1997, S. 194-214.
40. *Würthwein*, S. 22-124 bzw. *Tov*, S. 214-238.

damit begnügen müssen, aber auch können, neben der *Hebraica,* gegebenenfalls unter Mitbenutzung des *Samaritanischen Pentateuchs*⁴¹ und der in der in der *Wüste Juda gefundenen Schriftrollen und Fragmente,* sind unbedingt eine Studienausgabe der griechischen und der lateinischen Bibel, der *Septuaginta* und der *Vulgata* heranzuziehen.

Einen Überblick über die Schriftrollen bietet die Liste bei *Florentino García Martínez,* The Dead Sea Scrolls Translated. The Qumran Texts in English (Textos de Qumrân, Madrid 1992), trl. Wilfred G. E. Watson, Leiden u. a. 1994, S. 467-513. Die maßgebliche Ausgabe der in den Höhlen von Qumran und Muraba'at gefundenen Handschriften erfolgt in den *Discoveries in the Judaean Desert,* Oxford 1955 ff., ausgenommen davon sind die zuerst in den Handel gekommenen Rollen von *Millar Barrows,* The Dead Sea Scrolls of St. Mark's Monastery I-II, New Haven 1950 und 1951 (Große Jesajarolle; Habakkuk-Kommentar und Gemeinderegel) bzw. *Eleazar L. Sukenik,* ed. N. Avigad, The Dead Sea Scrolls of the Hebrew University I-II, Jerusalem 1955 (Kleine Jesajarolle; Hodajot oder Loblieder und Kriegsrolle) veröffentlicht worden. Separat wurde von *Yigael Yadin,* The Temple Scroll I-III A, Hebräisch Jerusalem 1977, Englisch 1983 ediert. Eine kritische, mit englischer Übersetzung versehene Ausgabe bietet die im Erscheinen begriffene von *James H. Charlesworth* herausgegebenen Reihe *The Dead Sea Scrolls. Hebrew, Aramaic, and Greek Texts with English Translations,* Tübingen und Louisville 1994 ff. Die nichtbiblischen Schriften erschließt *J. H. Charlesworth,* ed., *A Graphic Concordance to the Dead Sea Scrolls,* Tübingen und Louisville 1991; eine Studienausgabe mit den wichtigsten nichtbiblischen Texten bietet *Eduard Lohse,* Die Texte aus Qumran. Hebräisch und Deutsch. Mit masoretischer Punktation, Übersetzung, Einführung und Anmerkungen, München und Darmstadt 1986⁴. Eine vollständige englische bzw. deutsche Übersetzung bieten *F. García Martínez,* The Dead Sea Scrolls Translated, 1994 bzw. *Johann Maier,* Die Qumran-Essener: Die Texte vom Toten Meer I-III, UTB 1862, 1863 und 1916, München, Basel 1995-1996. Von den einschlägigen Bibliographien seien hier genannt *Joseph A. Fitzmyer,* The Dead Sea Scrolls. Major Publications and Tools for Study, SBL. Resources for Biblical Study 20, Atlanta/Georgia 1990 und *Florentino García Martínez* und *D. W. Parry,* A Bibliography of the Finds in the Desert of Judah 1975-1995, StTDJ 19, Leiden u. a. 1996. Zum geschichtlichen Hintergrund der Qumran-Funde vgl. z. B. *Geza Vermes, Fergius Millar, Matthew Black,* The History of the Jewish People in the Age of Jesus Christ (175 B.C-A.D. 135) by Emil Schürer. A New English Version, rev. and ed., II, Edinburgh 1979 (ND), S. 555-590; *F. García Martínez* und *Julio Trebolle Barrera,* The People of the Dead Seas Scrolls. Their Writings, Beliefs and Practices (Los Hombres de Qumrân, Madrid 1993), trl. W. G. E. Watson, Leiden u. a. 1995; *H. Stegemann,* Die Essener, Qumran, Johannes der Täufer und Jesus, Herder Spektrum 4128, Freiburg i.Br. 1993 (ND) und *J. Maier,* Qumran-Essener III, S. 1-139

---

41. *A. Freiherr von Gall,* Der Hebräische Pentateuch der Samaritaner, Giessen 1918 (ND Berlin 1966); weitere Ausgaben bei *E. Tov,* Text, S. 68 f.

bzw. knapp und präzise *ders.*, Zwischen den Testamenten. Geschichte und Religion in der Zeit des zweiten Tempels, NEB.AT.E 3, Würzburg 1990, S. 272-283.

Sofern der Ausleger über zureichende Kenntnisse des Syrischen verfügt, sollte er auch die *Peschitta* befragen. Denn ihr Text stützt sich nicht nur auf die Septuaginta, sondern greift weithin auf eine eigene hebräische Vorlage zurück[42]

Die maßgebliche wissenschaftliche Textausgabe stellt die im Erscheinen begriffene des Peshitta Institute Leiden, The Old Testament in Syriac According to the Peshitta Version, Leiden 1972 ff. dar; als Wörterbuch dient J. Payne Smith (Mrs. Margoloiuth), A Compendious Syriac Dictionary. Founded upon the Thesaurus Syriacus of R. Payne Smith, Oxford 1903 (ND Winona Lake 1998).

Darüber hinaus kann er sich indirekt über den Befund der aramäischen Targumim,[43] der Syrischen und Arabischen Übersetzungen mittels ihrer lateinischen Wiedergabe in der Londoner Polyglotte von Brian Walton orientieren, die teilweise auch weitere Traditionen berücksichtigt und dem Alten Testament vier monumentale Bände widmet, während sich der textkritische Apparat im sechsten Band befindet. Ihre Entstehung im 17. Jahrhundert zeigt aber an, daß sie gegenwärtig nur noch einen begrenzten Wert für die Textkritik besitzt.[44]

Voraussetzung für eine methodisch sichere textkritische Arbeit ist die Kenntnis der *Geschichte des hebräischen Textes und seiner Übersetzungen*, wie sie teilweise von den Einleitungen in das Alte Testament[45] und natürlich von den oben bereits teilweise genannten Spezialuntersuchungen vermittelt wird.[46] Einen Überblick über die Textgeschichte, die Textausgaben und über Wege und Ziel der Textkritik bieten das Arbeitsbuch von *Ernst Würthwein*, Der Text des Alten Testaments,[47] und das Handbuch

---

42. Vgl. dazu die Beiträge in: *P. B. Dirksen* und *M. J. Mulder*, ed., The Peshitta: Its Early Text and History, MPIL 4, Leiden u. a. 1988.
43. Vgl. dazu die wissenschaftliche Ausgabe von *Alexander Sperber*, The Bible in Aramaic I-IVB, Leiden 1959-1973 und die seit den achtziger Jahren erschienene englische Übersetzung The Aramaic Bible. The Targums, ed. *K. Cathcart* u. a., Edinburgh.
44. Biblia Sacra Polyglotta I-VI, London 1657 (ND Graz 1964).
45. Vgl z.B. die Einleitungen in das Alte Testament von *O. Eißfeldt*, Tübingen 1963³(ND), S. 907-990 und S. 1027-1032; *A. Weiser*, Göttingen 1966⁶, S. 308-339 und *H.-J. Fabry*, in: *E. Zenger*, Hg., Einleitung, Stuttgart 1998³, S. 37-65.
46. Vgl.dazu auch *D. Barthélemy*, Études d'histoire du texte de l'Ancien Testament, OBO 21, Freiburg/Schweiz und Göttingen 1978.
47. Eine Einführung in die Biblia Hebraica, 5. Aufl. Stuttgart 1988.

von *Emanuel Tov*, Der Text der Hebräischen Bibel.[48] – Die *Textkritik* dient dem Zweck, die Fehler auszuschalten, die während der Textüberlieferung entstanden sind.[49] Demgemäß bleiben die abweichenden Lesarten unberücksichtigt, die schon während des literarischen Wachstums des Textes entstanden sind. Ihre Behandlung sollte der literar- und redaktionsgeschichtlichen Untersuchung des Textes vorbehalten bleiben.[50]

7.2 Die Schritte der Textkritik

Die Textkritik vollzieht sich in *drei Schritten*, in der *Sammlung, Sichtung* und *Entscheidung*.[51]

7.2.1 Die Sammlung

Bei der Sammlung werden die überlieferten Lesarten in der sich aus der Textgeschichte ergebenden Reihenfolge angeordnet. Dabei werden nur solche Lesarten notiert, bei denen es sicher ist, daß es sich bei ihnen weder um absichtliche Änderungen noch um nachträgliche Angleichungen an den masoretischen Text handelt. Es ist unmittelbar einsichtig, daß die entsprechende Urteilsbildung die Kenntnis der Eigenart der Textzeugen voraussetzt. Dabei vermitteln die Einführungen in die Textgeschichte ein generelles Vorverständnis, doch entbindet das den Exegeten nicht davon, die von ihm neben der Hebraica benutzten Textzeugen in einem solchen Umfang mitzuübersetzen, daß er einen konkreten Eindruck von ihrer Eigenart gewinnt. Schon bei der Sammlung der Lesarten werden, die mechanischen Abschreibfehler ausgeschieden.

---

48. Handbuch der Textkritik (The Textual Criticism of the Bible. An Introduction, Jerusalem 1989; Minneapolis 1992), übers. H.-J. Fabry, Stuttgart u. a. 1997.
49. *Würthwein*, S. 116-118; *Tov*, S. 239-241.
50. Dazu gehören auch die irritierenden Unterschiede zwischen den Kurztexten der Septuaginta in den Büchern Jos – 2 Kön und Jer und Ez, vgl. dazu *Tov*, S. 242-258.
51. Vgl. dazu *Würthwein*, S. 124-132 bzw. *Tov*, S. 242-258 sowie die exemplarische Durchführung bei *D. Barthélemy*, ed., Critique textuelle de l'Ancien Testament. Rapport final pour l'analyse textuelle de l'Ancien Testament hébreux institué par l'alliance Biblique Universelle I: Josué, Juges, Ruth, Samuel, Rois, Chronique, Esdras, Néhémie, Esther; II: Isaïe, Jérémie, Lamentations; III: Ézéchiel, Daniel et les 12 Prophètes, OBO 50/1-3, Freiburg/Schweiz und Göttingen 1982, 1986 und 1992.

7.2.2 Die Sichtung

Das so gesichtete und als relevant befundene Textmaterial wird nun in der *Sichtung* unter sprachlichen und sachlichen Gesichtspunkten geprüft. Dabei verdient der masoretische, in den Stuttgarter hebräischen Bibelausgaben[3–5] vorliegende Text wegen seiner sorgfältigen Überlieferung auch die sorgfältigste Beachtung. Melden sich gegen ihn Bedenken, ist zunächst noch einmal die Bedeutungsbreite der angezweifelten Wörter mit Hilfe der Wörterbücher[52] sowie der hebräischen und griechischen Konkordanzen zu untersuchen. Dabei ist bei einem griechischen Wort zu erheben, welche hebräischen oder aramäischen Äquivalente es abzudecken vermag. Der Schluß, daß eine griechische abweichende Lesart darauf beruht, daß das hebräische Wort im Griechischen nicht wiedergeben kann, ist nur zulässig, wenn er durch die einschlägigen Parallelen abgedeckt ist. Metrische und gattungsgeschichtliche Gründe für die Anfechtung des überlieferten Textes wird man tunlichst erst im Rahmen der metrischen oder kolometrischen Untersuchung bzw. der Literarkritik geltend machen, die man als die höhere der Textkritik als der niederen gegenüberzustellen pflegt. Beide Schritte sind im Interesse der methodischen Klarheit so sorgfältig wie möglich voneinander zu trennen. Trotzdem gibt es Fälle, in denen die Textkritik in die Literarkritik übergeht. Wenn sich nämlich ein Wort oder eine Wortgruppe nur gekünstelt oder gar nicht in den Kontext einfügen lassen, ist die Frage schon im Rahmen der Textkritik zu beantworten, ob der Befund auf einem gravierenden Abschreibfehler beruht oder er eine redaktionelle Glosse darstellt, deren weitere Behandlung der Literar- und Redaktionskritik vorbehalten bleibt.

7.2.3 Die Entscheidung

Bei der Entscheidung gilt der Grundsatz, daß der masoretische Text immer dann den Vorzug verdient, wenn er sich als sinnvoll erweist und durch die jüdischen Textzeugen des 1. bis 2. nachchristlichen Jahrhunderts gestützt wird. Nur wenn das nicht der Fall ist, darf er aufgrund anderer Lesarten oder als *ultima ratio* mittels einer Konjektur verbessert werden,

---

52. Zu den Hebräisch-aramäischen Lexika wird man nun gegebenenfalls auch das *Theologische Handwörterbuch zum Alten Testament* I-II, hg. *E. Jenni* und *C. Westermann*, Gütersloh 1994[5] bzw. 1995[5] und das *Theologische Wörterbuch zum Alten Testament*, hg. von *G. J. Botterweck* und *H. Ringgren* und seit Band IV von *H. Ringgren* und *H.-J. Fabry* I-X, 1970 ff. zur Klärung der Bedeutungsbreite eines Lexems heranziehen.

wenn sich ausreichende Gründe für ihre Ursprünglichkeit beibringen lassen. Gelingt es nicht, den Weg vom vorliegenden hebräischen Text zurück zu der bevorzugten Lesart bzw. Konjektur zu rekonstruieren, sollte man die dunkle Stelle im Text punktieren und damit auf das Vorliegen einer *crux interpretum* hinweisen. Denn es ist besser, unser Nichtwissen einzugestehen, statt es durch ungesicherte Konjekturen zu verschleiern. Die für die Entscheidung wichtigen Befunde und Erwägungen sollten in angemessenem Umfang in die endgültige Darstellung eingehen. Die mittels der Textkritik erzielten Abweichungen von der Textvorlage gehen in die endgültige Übersetzung ein und sind dabei als solche kenntlich zu machen.

8. Die Analyse des Aufbaus und der Form

8.1 Die Aufbauanalyse

Die Aufbauanalyse läßt sich auf zweierlei Weise vornehmen: 1.) in der einfachen Form einer Aufbauanalyse, 2.) in der einer textlinguistischen Formanalyse. Im Verlauf der ersten wird aufgrund der Beobachtung der beiordnenden und unterordnenden Textsignale sowie der damit verbundenen erzählerischen oder argumentativen Verbindungen und Absetzungen eine kritische Aufbauanalyse vorgelegt. Sie entspricht den wesentlichen Schritten der textlinguistischen strukturalen Analyse und verfolgt das doppelte Ziel, die literarische Einheit oder Schichtung des Textes zu erkennen und die anschließende Gattungsanalyse vorzubereiten. Man grenzt bei einer Erzählung zunächst am besten die Exposition, Korpus und Schluß voneinander ab. Bei einem Lied bestimmt man die strophische Gliederung, bei einem Prophetenspruch, einem Rechtsspruch, einer weisheitlichen Sentenz und einer Lehrrede bestimmt man den funktionalen Zusammenhang ihrer Teile. In einem weiteren Durchgang verfolgt man Satz um Satz auf den darstellenden oder argumentativen Zusammenhang hin. Werden diese beiden Durchgänge mit der nötigen Sorgfalt durchgeführt, so führen sie zu der Einsicht, ob der Text als einheitlich oder als durch Glossen oder Einschübe und Anhänge sekundär erweitert zu betrachten ist.

8.2 Die textlinguistische Formanalyse

Wenn wir in den folgenden Schritten die literarische Form des Textes bestimmen, schließen wir uns damit der noch immer nicht selbstverständlichen Unterscheidung zwischen sprachlicher Form und Gattung an. Die textlinguistische Formanalyse ist aufwendiger und daher nur bei Vorlage eines besonders komplizierten literarischen Befundes oder im Rahmen einer Spezialuntersuchung angebracht. Ihr strukturales Verfahren ermöglicht eine größere Sicherheit des literarkritischen Urteils.[53] Bei ihr ist zwischen der ornamentalen und der strukturalen Analyse zu unterscheiden.

8.2.1 Die ornamentale Analyse der inneren Form

Die gegebenenfalls an erster Stelle vorgenommene *ornamentale Analyse* dient der Erhellung der *inneren Form*. Sie beobachtet die Verteilung und Häufung der Vokale und Konsonanten, die sich dadurch ergebenden Schwerpunktsetzungen innerhalb des Satzes und Textes, die Silbenbildung der Wörter als offene oder geschlossene Silben sowie bei poetischen Texten die metrische Struktur des Satzes, die sich aus dem Wechsel zwischen betonten und unbetonten Silben ergibt.[54] Angesichts der in Rechnung zu stellenden sekundären Erweiterungen empfiehlt es sich, statt einer metrischen Untersuchung im Anschluß an die strukturale Aufbau- oder Formanalyse eine gesonderte kolometrische vorzunehmen, die im nächsten Abschnitt beschrieben wird.

8.2.2 Die strukturale Analyse der äußeren Form

Die strukturale Analyse dient der Aufklärung der *äußeren Form*. Sie zerlegt zunächst den Text auf der *Satzebene* in seine kleinsten Einheiten in Form

---

53. Vgl. dazu W. *Richter*, Exegese als Literaturwissenschaft. Entwurf einer alttestamentlichen Literaturtheorie und Methodologie, Göttingen 1971, S. 79-125 und zu den Einzelproblemen gewidmeten Sammelband von W. R. *Bodine*, Linguistics and Biblical Hebrew, Winona Lake/Indiana 1992, sowie grundsätzlich H. *Vater*, Einführung in die Textlinguistik. Struktur, Thema und Referenz in Texten, 2. Aufl., UTB 1660, München 1992.
54. Vgl. dazu die knappe Einführung in die biblische Poetik von O. *Kaiser*, Einleitung in das Alte Testament. Ihre Ergebnisse und Probleme, Gütersloh 1984⁵, S. 325-330, bzw. die umfassende von W. G. E. *Watson*, Classical Hebrew Poetry. A Guide to its Techniques, JSOT.S 26, Sheffield 1984 und ders., Traditional Techniques in Classical Hebrew Verse, JSOT.S 170, Sheffield 1994.

einer entsprechend gegliederten Umschrift des ganzen Textes. Sie bestimmt weiterhin seine *Satzarten* als Nominal-, Verbal- oder invertierte Verbalsätze. Anschließend wird das zwischen den Sätzen und Satzreihen bestehende Verhältnis unter Beobachtung der Verwendung rückweisender enklitischer Personalpronomia, vorweisender Imperative, Frage- oder Zwischensätze sowie der den Sätzen gemeinsamen Subjekte und Objekte, des Subjektwechsels und der Unterordnung von Nebensätzen samt der dabei verwandten Konjunktionen untersucht. Die Beobachtungen lassen sich in jeder Richtung wie z. B. durch Einbeziehung der Verwendung des Artikels, der *Nota accusativi*, der Unterscheidung der Nominal- und Verbalklassen, des Gebrauchs der Adjektive als Appositionen oder Adverbien und der Wortwahl und Wortwiederholung verfeinern. Auch wer sich der Mühe dieser aufwendigen Analyse nicht ausdrücklich unterzieht, sollte zumindest eine Satzanalyse vornehmen und nach thematischen Leitworten Ausschau halten.

8.3 Die kolometrische Analyse poetischer Texte

Bei poetischen Texten erweist sich die kolometrische Untersuchung als ein wesentliches Hilfsmittel zur Erhellung ihrer Struktur. Die Methode wurde von *Oswald Loretz* aufgrund seiner Erfahrung im Umgang mit ugaritischen poetischen Texten begründet und von ihm in Zusammenarbeit mit *Ingo Kottsieper* verfeinert.[55] Sie ermöglicht es, strukturelle Störungen durch Glossen und Fortschreibungen wie die Auflösung der klassischen Form exakt zu erkennen und zu beschreiben. Daher sollte sie bei der Auslegung jedes poetischen Textes angewendet werden.[56] Sie geht davon aus, daß die hebräische Poesie wie die semitische Dichtkunst überhaupt der Form des Parallelismus membrorum entspricht und demgemäß der Zweizeiler oder das Bikolon den Grundbaustein der Dichtungen bildet und die Kola eine regelmäßige Länge besitzen. Das Verfahren wird durch eine nur nach ihren Kola geordnete Umschrift des Konsonantentextes eingeleitet.

55. Vgl. dazu *O. Loretz* und *I. Kottsieper*, Colometry in Ugaritic and Biblical Poetry. Introduction, Illustrations and Bibliography, trl. *F. Renfroe*, UBL 5, Altenberge 1987.
56. Der Verfasser ist sich bewußt, daß er damit ein Minderheitenvotum abgibt. Aber er ist überzeugt, es nach anderthalb Jahrzehnten eigenen Umgangs mit dieser Methode verantworten zu können. Man darf sie freilich wie alle exegetischen Methoden nicht mechanisch anwenden, sondern muß bei ihr die oben notierten zusätzlichen Beobachtungen vornehmen.

Anschließend wird die Zahl der Konsonanten pro Kolon ausgezählt. Dann wird die poetische Struktur gemäß der allen semitischen Sprachen eigenen Grundform des *parallelismus membrorum* in seinen Spielarten als antithetischer, synonymer, klimaktischer oder synthetischer bestimmt. Die poetologisch oder kolometrisch aus dem sich abzeichnenden Schema des Textes herausfallenden Kola werden anschließend auf ihre Begrifflichkeit, ihre Motive und ihre argumentative Verknüpfung mit dem Kontext hin untersucht. Dabei ergibt sich gegebenenfalls der vollständige oder partikuläre sekundäre Charakter einzelner Kola, möglicherweise aber auch die Einsicht, daß der ganze Text bereits durch eine Auflösung der poetischen Form gekennzeichnet ist, was als Kennzeichen für seine späte Entstehung gewertet werden darf.

9. Die Gattungsbestimmung und Gattungsgeschichte

9.1 Die Gattung als konventionelles sprachliches Schema

Auch bei diesem Schritt kommt erneut der hermeneutische Zirkel zum Zuge: Denn einerseits setzt die Gattungsbestimmung eines Textes die Herstellung seiner Grundgestalt und mithin die Literar- und Redaktionskritik voraus. Andererseits sind beide von der zumindest vorgängigen Gattungsbestimmung abhängig. Die Aufgabe ergibt sich daraus, daß jede individuelle sprachliche Äußerung durch eine sprachliche Konvention vorgeprägt ist. Jede natürliche Sprache stellt als ein geschichtlich gewordenes semantisches System für den sich in ihr Äußernden bestimmte, der jeweiligen Intention und Situation angepaßte Schemata bereit, die ihm seine Aufgabe wegen ihres konventionellen, den Rezipienten selbstverständlichen Charakters erleichtert. Zumal im Bereich der Willkommens- und Abschiedsformeln, der Briefanreden und Briefschlüsse machen wir im Alltag auch heute von ihnen fortgesetzt Gebrauch. Würden sie uns ohne Situationsangaben vorgelegt, könnten wir sie aufgrund unserer Kenntnis der sprachlich geprägten Konventionen in gewissen Grenzen unschwer identifizieren. Diese Grenze würde sich offenbar in dem Umfang von einer allgemeinen zu einer besonderen Situationsbestimmung verschieben, in dem das Formular differenziert und die gesellschaftlich bestimmten Anwendungsregeln geläufig sind. Ziehen wir aus diesen knappen Beobachtungen und Erwägungen einen definitorischen Schluß, so können wir die *Gattung* als ein sprachliches Schema bezeichnen, das zur Verwirklichung einer bestimmten Aussageabsicht in einer bestimmten Situation oder (wie man in der Nachfolge *Hermann Gunkels* zu sagen pflegt) einem bestimmten *Sitz im Leben* eine spezifisch organisierte sprachliche Form und Struktur bereit hält.

9.2 Die Bedeutung der Gattungsbestimmung

Da wir im Alten Testament in der Regel weder den Autor noch bei vermutlich zum mündlichen Vortrag bestimmten Texten ihren durch seine soziale Funktion gekennzeichneten Sprecher noch (beziehen wir das vorliterarische Stadium der mündlichen Überlieferung ein) den Kreis der an ihrer Wurzel stehenden und der die Überlieferungskette tragenden Personen kennen, ist die Gattungsbestimmung von außerordentlicher Bedeutung. Denn einerseits ist sie für die systematische Beschreibung der alttestamentlichen Literatur und andererseits für die Ermittlung des Sitzes im Leben der Gattung und der zu ihr gehörenden Einzeltexte unerläßlich. Sie ermöglicht es mithin hypothetisch ihre Trägergruppe, ihre Adressaten und ihre gesellschaftliche Funktion und gegebenenfalls auch ihren Ort (wie z. B. Tempel, Palast oder Schreib- und Lehrstube) zu bestimmen. Dadurch wird die alttestamentliche Literatur als Ganzes wie in ihren Einzelheiten mit dem konkreten Leben Israels und des frühen Judentums verbunden. Denn das einschlägige Fragen macht nicht beim Einzeltext und der durch Vergleich und Analogieschluß erzielten Gattungsbestimmung halt, sondern erweitert sich in der Folge zur Gattungsgeschichte, die ihrerseits die Institutions-[57] und Sozialgeschichte,[58] die Traditions- und Motiv-

---

57. *F. Nötscher*, Biblische Altertumskunde, HS.E 3, Bonn 1940 und *R. de Vaux*, Les institutions de l'Ancien Testament I-II, Paris 1958 und 1960 sind immer noch brauchbare Nachschlagewerke, wenn man die Änderungen auf dem Gebiet der politischen und Sozialgeschichte zumal der Vor- und Frühgeschichte Israels im Blick behält; vgl. dazu die folgende Anmerkung.
58. Vgl. dazu *W. Thiel*, Die soziale Entwicklung Israels in vorstaatlicher Zeit, 2. Aufl., Neukirchen-Vluyn 1985 und angesichts der inzwischen veränderten Forschungslage auch *N. P. Lemche*, Die Vorgeschichte Israels, BE 1, Stuttgart u. a. 1996; *V. Fritz*, Die Entstehung Israels im 12. und 11. Jahrhundert v. Chr., BE 2, 1996; *W. Dietrich*, Die frühe Königszeit in Israel. 10. Jh. v. Chr., BE 3,

geschichte[59] und schließlich die israelitisch-jüdische Literaturgeschichte[60] aus sich entläßt.

9.3 Die Gattungsgeschichte und das Problem des Sitzes im Leben

In diesem Zusammenhang ermittelt die Gattungsgeschichte die Geschichte der einzelnen Gattungen und der in ihrem Verlauf erfolgten Transformationen einschließlich des im Lauf der Zeit erfolgten Wechsels ihres Sitzen im Leben zum Sitz im Buch *(Georg Fohrer)*.[61]

Inwieweit man bei den alttestamentlichen Schriften von der einzelnen Einheit auszugehen und für sie einen primär mündlichen Sitz im Leben zu postulieren hat, läßt sich nur fallweise feststellen. Ist es gewiß, daß dem literarischen Stadium ein vorliterarisches der mündlichen Überlieferung vorausgeht, so ist die bis in die siebziger Jahre des 20. Jahrhunderts bestehende Zuversicht in ihre Zuverlässigkeit und Bedeutung für die alttestamentlichen Schriften inzwischen gesunken. Denn einerseits unterliegen in der mündlichen Überlieferung die Stoffe einer fortlaufenden, durch die aktuelle Situation bestimmten Selektion und Adaption.[62] Andererseits ist das seinerzeit unterstellte hohe Alter der alttestamentlichen Erzählwerke

---

1997; A. *Schoors*, Die Königreiche von Israel und Juda im 8. und 7. Jahrhundert v.Chr.: Die assyrische Krise, BE 5, 1998; H. M. *Niemann*, Herrschaft, Königtum und Staat. Skizzen zur soziokulturellen Entwicklung im monarchischen Israel, FAT 6, Tübingen 1993 und R. *Kessler*, Staat und Gesellschaft im vorexilischen Juda. Vom 8. Jahrhundert bis zum Exil, VT.S 47, Leiden u. a. 1992.
59. Aufgearbeitet in G. J. *Botterweck* bzw. H.-J. *Fabry* und H. *Ringgren*, Hg., Theologisches Wörterbuch zum Alten Testament I-X, Stuttgart 1970 ff.
60. Vgl. zu ihrer Aufgabe und Durchführung auch O. *Kaiser*, Artikel *Literaturgeschichte, Biblische I. Altes Testament*, TRE 21, 1991, S. 306-337, überarbeitet wiederabgedruckt als *ders.*, Abriß der alttestamentlichen Literaturgeschichte, in: *ders.*, Studien zur Literaturgeschichte des Alten Testaments, FzB, Würzburg 2000, S. 3-65; dort weitere Literatur.
61. Vgl. zur Einführung K. *Koch*, Was ist Formgeschichte? Methoden der Bibelexegese, Neukirchen-Vluyn 1989⁵ sowie die Kommentarreihe The Forms of the Old Testament Literature (FOTL), Grand Rapids/Michigan.
62. Vgl. dazu P. G. *Kirkpatrick*, The Old Testament and Folklore Study, JSOT.S 62, Sheffield 1988 und paradigmatisch H. M. *Wahl*, Die Jakobserzählungen. Studien zu ihrer mündlichen Überlieferung, Verschriftung und Historizität, BZAW 258, Berlin, New York 1997.

aus unterschiedlichen Gründen fraglich geworden.[63] Ähnlich verhält es sich mit den Prophetenbüchern, für die die Einsicht im Wachsen begriffen ist, daß sie in der Regel das Ergebnis eines mehrere Jahrhunderte umspannenden Fortschreibungsprozesses darstellen. Das entbindet den Ausleger nicht davon, die Frage nach der mündlichen Vorgeschichte der Gattungen und gegebenenfalls auch der des einzelnen Textes zu stellen, verpflichtet ihn aber zu umständlicheren Erwägungen und Untersuchungen. Denn wie die zurückliegenden Forschungen gezeigt haben, dienen die überlieferten Geschichtswerke und Prophetenbücher in ihrer vorliegenden Form der religiösen Bewältigung der Folgen des Untergangs der beiden Reiche Israel und zumal Juda im letzten Drittel des 8. bzw. dem ersten des 6. Jahrhunderts vor Christus. Trotzdem ist bei jedem Text die Frage zu stellen, welcher Gattung er angehört und ob diese in ihrem ursprünglichen oder in veränderter Funktion gebraucht wird. Als Beispiel dafür sei die Verwendung der Qina- oder Totenklage als prophetisches Droh- oder Spottwort angeführt, vgl. 2 Sam 1,19 ff. mit Am 5,1 ff. und Jes 14,4bff. Als Exempel für eine primär schriftliche Anwendung der Gattung der Volksklage und des Dankliedes sei auf die vieldiskutierten Stadtlieder der sogenannten Jesajaapokalypse (Jes 24-27) in Jes 24,7 ff., 25,1 ff. und 26,1 ff. hingewiesen. Als von vornherein literarische Prophetenworte sind mit *Claus Westermann* die eine Heils- und Gerichtsankündigung zugleich enthaltenden Heilsworte und die bedingten Heilsworte der Prophetenbücher zu betrachten.[64] Bei den Prophetenbüchern muß man sich grundsätzlich vergegenwärtigen, daß sie in ihrer vorliegenden Gestalt bereits das Ergebnis einer in der Regel mehrere Jahrhunderte umspannenden prophetischen Prophetenauslegung *(Odil Hannes Steck)*[65] sind. Demgemäß ist ihr Anteil an von vornherein literarischen Prophetien größer als früher und teilweise auch noch heute angenommen. Bei den Psalmen ist damit zu rechnen, daß sie ein- oder mehrfach aktualisiert worden sind. Daher ist das Vorliegen einer Mischgattung nicht notwendig ein Hinweis auf das junge Alter einer Dichtung. Ihr Grundtext könnte einer reinen Gattung angehören. Ähnli-

---

63. Zu den gegenwärtigen Problemen der Pentateuchforschung vgl. *O. Kaiser*, Pentateuch und Deuteronomistisches Geschichtswerk, in: *ders.*, Studien, FzB, 2000, S. 70-134.
64. Vgl. *C. Westermann*, Prophetische Heilsworte im Alten Testament, FRLANT 145, Göttingen 1987.
65. *O. H. Steck*, Die Prophetenbücher und ihr theologisches Zeugnis. Wege der Nachfrage und Fährten zur Antwort, Tübingen 1996, Teil 2, S. 127-186, vgl. *ders.*, Der Abschluß der Prophetie im Alten Testament, Ein Versuch zur Frage der Vorgeschichte des Kanons, BThSt 17, Neukirchen-Vluyn 1991.

ches gilt für die Prophetenworte. Daß sich aus einem gattungsspezifischen Motiv eine selbständige Gattung entwickeln kann, zeigt das Beispiel des Vertrauensliedes, das seinerseits aus dem Vertrauensmotiv entstanden ist (vgl. z. B. Ps 23 mit Ps 56,4 f.).

9.3.1 Was ist ein literarisches Motiv?

Da hier wiederholt von Motiven die Rede ist, sei der Begriff schon hier expliziert: Ein literarisches Motiv ist eine sprachliche Äußerung, der eine typische und das heißt sich wiederholende menschlich bedeutungsvolle Situation zugrunde liegt und die mittels konkreter, teils motivspezifisch-konventioneller, teils individueller Züge ausgestaltet begegnet.[66] Als erstes Beispiel sei die Theophanieschilderung mit ihren typischen Motiven wie dem Erscheinen Gottes im Gewitter und dem Erbeben, Wanken, Schwanken oder Schmelzen der Berge oder der Erde (vgl. Ex 19,16.18; Ri 5,4 f.; Ps 18,8 ff.; Hab 3,3-6; Dtn 33,2) genannt. Als weiteres Beispiel sei an die Klage des Einzelnen mit ihren gattungsspezifischen Motiven erinnert. Einleitende Anrufung Gottes, Notschrei, Bitte um Gehör, Leidklage, Erinnerung an den Gott drohenden endgültigen Verlust eines seiner Diener als Beweggrund zur Veranlassung seines helfenden Eingreifens, Nichtigkeitsklage, Vertrauensbekenntnis, abschließende Erhörungsbitte und Dankopfer- und Lobgelübde kehren in ihr in unterschiedlicher Kombination wieder (vgl. z. B. Ps 22,2-23 mit 39; 61; 88 und 143).

9.3.2 Mischgattung oder sekundäre Ausgestaltung?

Um die Anzeichen für die sekundäre Ausgestaltung eines Textes zu erkennen, bedarf es neben den strukturalen Beobachtungen einer zureichenden Kenntnis der im Alten Testament begegnenden Gattungen, wie sie entsprechende Nachschlagewerke und Spezialuntersuchungen vermitteln.

Zu nennen sind hier außer den gattungsgeschichtlichen Einführungen in den Bänden von FOTL für die Gattungen der Erzählungen z. B. O. *Kaiser*, Einleitung in das Alte Testament, 1984⁵, S. 57-65; *ders.*, Grundriß der Einleitung in die kanonischen und deuterokanonischen Schriften des Alten Testaments I, Gütersloh 1992, S. 32-36; *George W. Coats*, ed., Saga, Legend, Tale, Novella, Fable. Narrative Forms in Old Testament Literature, JSOT.S 35, Sheffield 1985; *Harald M. Wahl*, Die Jakobserzählungen, BZAW 258, 1997, S. 63-112; zu den Gattungen des israelitischen Rechts O. *Kaiser*, Einleitung, 1984⁵, S. 65-78; ders., Grundriß I, 1992, S. 77-83;

---

66. Vgl. dazu W. *Kayser*, Das sprachliche Kunstwerk, Bern, München 1959⁵, S. 60.

Klaus Koch, Art. *Gesetz I. Altes Testament*, TRE 13, 1984, S. 40-52, hier S. 43-48 bzw. *Eckart Otto*, Art. *Recht/Rechtswesen im Alten Orient und im Alten Testament*, TRE 25, 1997, S. 197-209; zur Rechtspraxis auch *Herbert Niehr*, Rechtsprechung in Israel. Untersuchungen zur Geschichte der Rechtsorganisation im Alten Testament, SBS 130, Stuttgart 1987 und weiterhin die Beiträge in der *Zeitschrift für Altorientalische und Biblische Rechtsgeschichte* (ZAR) und wegen seiner besonderen enzyklopädischen Bedeutung *E. Otto*, Die Ursprünge der Bundestheologie, ZAR 4, 1998, S. 1-84; zu den prophetischen Gattungen *O. Kaiser,* Einleitung, 1984^5, S. 300-306; *ders.*, Grundriß der Einleitung II: Die prophetischen Werke. Mit einem Beitrag von *Karl-Friedrich Pohlmann*, Gütersloh 1994, S. 22-27; *Klaus Koch*, Art. *Propheten/Prophetie II. In Israel und seiner Umwelt*, TRE 27, 1997, S. 477-499, hier S. 484-486; *Claus Westermann*, Grundformen prophetischer Rede, BevTh 31, München 1964^2 (ND 1971^4); *ders.*, Sprache und Struktur der Prophetie Deuterojesajas, CTM A 11, Stuttgart 1981; zu den Gattungen der Lied- und Psalmendichtung *Hermann Gunkel* und *Joachim Begrich*, Einleitung in die Psalmen. Die Gattungen der religiösen Lyrik Israels (1933). Mit einem Stellenregister von *Walter Beyerlin*, 4. Aufl., Göttingen 1984; *Frank Crüsemann*, Studien zur Formgeschichte von Hymnus und Danklied, WMANT 32, Neukirchen-Vluyn 1969; *O. Kaiser,* Einleitung in das Alte Testament, 1984^5, S. 330-341 (Die israelitische Lieddichtungen und ihre Gattungen); *ders.*, Grundriß der Einleitung III: Die poetischen und weisheitlichen Werke, Gütersloh 1994, S. 11-23; *Rainer Albertz*, Art. *Gebet II: Altes Testament*, TRE 12, 1984, S. 34-42, hier S. 36-39: *Klaus Seybold*, Art. *Psalmen/Psalmenbuch I. Altes Testament*, TRE 27, 1997, S. 610-624; *Erich Zenger*, Einleitung, 1998^3, S. 319-321; *Fritz Stolz*, Psalmen im nachkultischen Raum, ThSt 129, Zürich 1983; zu den weisheitlichen Gattungen *O. Kaiser,* Einleitung, 1984^5, S. 366-376; *ders.*, Grundriß III, 1994, S. 49-62; *Erich Zenger*, Einleitung, 1998^3, S. 294-296; *Christian Klein*, Kohelet und die Weisheit Israels. Eine formgeschichtliche Studie, BWANT 132, Stuttgart u.a. 1992 und *K. Diethard F. Römheld*, Die Weisheitslehre im Alten Orient. Elemente einer Formgeschichte, BN.B 4, München 1989; vgl. auch *Claus Westermann*, Forschungsgeschichte zur Weisheitsliteratur 1950-1990, ATh 71, Stuttgart 1991.

Aus dem Gesagten geht bereits hervor, daß bei der Gattungsbestimmung neben dem gleichsam synchron-idealtypischen immer auch der diachron-geschichtliche Aspekt berücksichtigt werden muß. Dabei vermag ein Blick in die Tabellen in *Claus Westermanns* Untersuchung von *Lob und Klage im Alten Testament*[67] zu zeigen, wie individuell der konkrete Aufbau eines Psalms in den Grenzen seiner Gattung auszufallen pflegt.

---

67. Göttingen 1977.

9.4 Die Gattungsbestimmung

Die Gattungsbestimmung vollzieht sich in zwei Schritten: In dem ersten wird das in der strukturalen Analyse gewonnene Ergebnis (falls das nicht bereits geschehen ist) unter funktionalen Gesichtspunkten verfeinert. Dabei gilt es, das Zusammenspiel zwischen Sinn- und Formeinheiten, bei Versdichtungen unter Umständen auch das der Strophen und das der Motive genauer zu beobachten. Handelt es sich bei dem untersuchten Text um eine Erzählung, so empfiehlt es sich, den Handlungsablauf auf die letztmögliche Knappheit zu reduzieren und so das in der Literaturwissenschaft als *Fabel* bezeichnete Schema zu gewinnen.[68] Ebenso sollte spätestens jetzt das *Thema* und das heißt die Aussageabsicht des Textes festgestellt werden.[69] Jedenfalls besitzt jede Gattung einen ideal-typischen Aufbau und Gattungsstil, an dem der bearbeitete Text zu messen ist. Sollte er sich gegen die Einordnung in eines der Gattungsschemata sperren, gelingt in der Regel der Nachweis, daß es sich bei ihm um eine Transformation eines solchen handelt.

Damit sind wir bei dem zweiten, für die Gattungsbestimmung entscheidenden Schritt angelangt: Sie erfolgt mittels des Vergleichs des vorliegenden Textes mit solchen analoger Organisation und Intention. Die Anhaltspunkte für das Auffinden der relevanten Parallelen bietet einerseits die Bibelkenntnis, wie sie eine regelmäßige Lektüre und zur Unterstützung der Übersicht der Besuch eines Kurses der Bibelkunde und andererseits die einschlägige Spezialliteratur vermittelt. Dabei sollte es sich der Exeget zur Grundregel machen, seine Arbeit an einem konkreten Text durch die Lektüre verwandter Texte zu begleiten. Wer einen prophetischen Text untersucht, sollte dabei das ganze Prophetenbuch und seine thematisch verwandten Abschnitte in den anderen Prophetenbüchern lesen; wer einen Psalm auslegt, noch einmal den ganzen Psalter durchlesen und dabei nach Paralleltexten zu dem von ihm bearbeiteten Ausschau halten usw. Dabei leisten auch die im Zuge der Formkritik ermittelten Belegstellen für geprägte Wendungen und Formeln einen guten heuristischen Dienst. Trotzdem bleibt der Anfänger (und nicht nur er) darauf angewiesen, einschlägige Handbücher und Spezialuntersuchungen zu befragen. Das Gespür für einen angemessenen Umgang mit den exegetischen Fragestellungen und die Fähigkeit, sich selbständig in ihren Zusammenhängen zu bewegen, gewinnt der Anfänger jedoch nur durch den Besuch exegetischer Vorlesun-

---

68. Vgl. dazu *W. Kayser*, S. 77.
69. Ebd., S. 79.

gen und die Mitarbeit in exegetischen Seminaren. Ohne eine derartige konkrete Anleitung dürfte sich der Anfänger in der Fülle der in elektronischen Medien und zumal im Internet angebotenen Informationen je nach Temperament restlos verirren oder vollständig entmutigt werden. Hat er durch eine kontinuierliche Einführung und Anleitung persönliche Sicherheit im Umgang mit der Literatur gewonnen, wird er sich über die Einseitigkeiten seiner Schule schnell hinwegsetzen.

9.4.1 Zum Problem der Gattungsbezeichnung

Es kann im vorliegenden Zusammenhang nicht unsere Aufgabe sein, die im Alten Testament vertretenen Gattungen vorzuführen oder in die Diskussion über ihre herkömmlichen Bezeichnungen einzutreten.[70] Beides überstiege die Möglichkeiten dieser Einführung. Trotz aller Tendenzen zur Abstraktion sollte nach Ansicht des Verfassers bei den Gattungsbezeichnungen nicht auf ihre inhaltliche und ihr Verhältnis zur Wirklichkeit betonende Benennung verzichtet werden, wie sie sich z. B. in der Rede von Mythen, Sagen, Annalen, Fabeln und Legenden ausspricht. Dem Anfänger ist unbedingt zu raten, sich an die klassischen Gattungsbezeichnungen anzuschließen und im Falle einer ihm unverzichtbar dünkenden Divergenz seine Wahl zu begründen. Von eigenen Neubildungen sollte er jedenfalls absehen.

9.5 Der Sitz im Leben der alttestamentlichen Literatur

Obwohl wir die Frage nach dem *Sitz im Leben* eines konkreten Textes sinngemäß erst nach seiner genauen Auslegung vornehmen können, seien hier schon einige grundlegenden Erwägungen über den *literarischen Charakter der erzählenden und belehrenden Werke* des Alten Testaments und die *Literalität des vorexilischen Israel und des nachexilischen Judentums* vorausgeschickt. Bei weiträumigen Erzählungen geschichtlicher, novellistischer oder romanhafter Art, wie wir sie etwa in den Erzählungen vom Aufstieg und vom Königtum Davids, der Josephsnovelle, den Büchern Jona, Rut, Ester, Tobit und Judit besitzen und natürlich bei den alttestamentlichen Schriften überhaupt können wir vorab feststellen, daß sie als literarische Kunstwerke ihren *Sitz im Buch* besitzen. Natürlich stellt sich sogleich die Frage, wo denn die alttestamentliche Literatur ihren Sitz im Leben hatte,

---

70. Vgl. dazu die oben, S. 45 f. geführten Nachweise.

für welchen oder welche Leserkreise und gegebenenfalls welche öffentlichen oder halböffentlichungen Verlesungen sie bestimmt war. Die Anordnung in Dtn 31,9f., daß das Deuteronomium alle sieben Jahre am Laubhüttenfest zu verlesen sei, deutet zusammen mit dem Bericht von der Rezitation und Auslegung der Tora durch den schriftgelehrten Priester Esra und die Leviten vor allen Sippenältesten des Volkes nebst den Priestern und Leviten in Neh 8,13ff. bereits auf die synagogale Verlesung des Pentateuchs als der Tora Israels hin. Zu ihr kam später auch noch eine Schlußlesung aus den Prophetenbüchern und das heißt: den Büchern Josua bis 2. Könige als den Vorderen und Jesaja bis zu den Zwölf Propheten als den Hinteren Propheten hinzu.[71] Andererseits weisen Dtn 6,6ff., 17,18f. und Ps 1,2 auf die häusliche Verlesung und das private Studium der Tora hin. Spätestens seit dem 8. Jahrhundert vor Christus muß es in Israel und Juda auch einen vermutlich schmalen Kreis von Gebildeten gegeben haben, der eigentliche Literaturwerke zu würdigen wußte und zu lesen pflegte.[72] Für die seit derselben Zeit anzusetzenden ältesten Spruchsammlungen gilt ähnliches, doch ist für sie auch eine Verwendung als Schultexte anzunehmen.[73] Eine nicht zu überschätzende Rolle für die Ver-

71. Zur Gliederung der Hebräischen Bibel vgl. *O. Kaiser*, Einleitung, 1984⁵, S. 403-405 bzw. *ders.*, Grundriß III, 1994, S. 124f.
72. Vgl. dazu *H.-J. Hermisson*, Studien zur israelitischen Spruchweisheit, WMANT 28, Neukirchen-Vluyn 1968, S. 122-129; die Zuweisung der Prophetenbücher und der königskritischen Geschichtsschreibung an oppositionelle wohlhabende Gruppierungen außerhalb von Palast und Tempel, wie sie z.B. *Ernst Axel Knauf*, Die Umwelt des Alten Testaments, NSK.AT (Neuer Stuttgarter Kommentar. Altes Testament) 29, Stuttgart 1994, S. 234-237 und *H. M. Niemann*, Herrschaft, FAT 6, S. 216-227 vertreten, beruht mindestens teilweise auf einer traditionellen Beurteilung der literarischen Situation der Überlieferung über die vorexilische Geschichtsschreibung und die vorschriftliche Prophetie und die Prophetenbücher; zu den königskritischen Texten des Samuelbuches vgl. *T. Veijola*, Das Königtum in der Beurteilung der deuteronomistischen Historiographie, AASF B 198, Helsinki 1977; zu Elia vgl. z.B. *E. Würthwein*, ATD 11/2, Göttingen 1984, S. 269-272 und zuletzt *M. Beck*, Elia und die Monolatrie, BZAW 281, Berlin. New York 1999, S. 156-162; zu den literarischen Problemen des Hoseabuches *J. Jeremias*, Hos 4-7. Beobachtungen zur Komposition des Buches Hosea, in: *A. H. J. Gunnweg* und *O. Kaiser*, Textgemäß. FS Ernst Würthwein, Göttingen 1980, S. 47-58 = *ders.*, Amos und Hosea, FAT 13, Tübingen 1996, S. 55-66 und *M. Nissinen*, Prophetie, Redaktion und Fortschreibung im Hoseabuch, AOAT 231, Neukirchen-Vluyn 1991, S. 336-350; zu Jesaja *U. Becker*, Jesaja – von der Botschaft zum Buch, FRLANT 178, Göttingen 1997, S. 281-287.
73. Zum Problem der israelitischen Schule vgl. *H.-J. Hermisson*, a.a.O., S. 97-136;

breitung der Literalität bedeutete die Gola- und Diasporasituation des nachexilischen Judentums mit ihrer alltäglichen Ersetzung der Kult- durch die Buchreligion. Diese Tendenz erhielt notwendig ihre Verstärkung, als die Tora zu Beginn des 4. Jahrhunderts vor Christus auch in der Westhälfte des Perserreiches dank königlicher Verfügung zur offiziellen Quelle der jüdischen Gerichtsbarkeit wurde. Diesen Vorgang bezeichnet man im Anschluß an *Peter Frei* als die achämenidische Rechtsinstitution der Reichsautorisation. Sie besteht darin, daß der Perserkönig den Normen lokaler Körperschaften durch seinen Entscheid den Charakter lokal gültigen Reichsrechts verleiht, wie es das Beglaubigungsschreiben für Esra Esr 7,17-26 zum Ausdruck bringt.[74] Die Durchführung dieser Rechtsordnung setzte voraus, daß künftig jede Rechtsgemeinde über eine Tora[75] und zu ihrer bindenden Auslegung befähigte Älteste und idealerweise auch über einen Priester und Leviten verfügte.

B. Lang, Schule und Unterricht im alten Israel, in: *M. Gilbert*, ed., La sagesse de l'Ancien Testament, BEThL 51, Leuven 1979, S. 96-111; *A. Lemaire*, Les écoles et la formation de la Bible dans l'Ancien Israël, OBO 39, Freiburg/Schweiz und Göttingen 1981; *J. L. Crenshaw*, Education in Ancient Israel, JBL 104, 1985, S. 601-615; *M. Haran*, On the Diffusion of Literacy and Schools in Ancient Israel, in: *J. A. Emerton*, ed., Congress Volume Jerusalem 1986, VT.S 40, Leiden u. a. 1988, S. 81-95; *E. W. Heaton*, The School Tradition of Ancient Israel, Oxford 1994 und nicht zuletzt *J. J. Collins*, Jewish Wisdom in the Hellenistic Age, Edinburgh 1998, S. 36-39.

74. Vgl. dazu *P. Frei*, Zentralgewalt und Lokalautonomie im Achämenidenreich, in: *ders.* und *K. Koch*, Reichsidee und Reichsorganisation im Perserreich, 2. Aufl., OBO 55, Freiburg/Schweiz und Göttingen 1996, S. 5-131, bes. S. 29-34, vgl. auch *E. Blum*, Studien zur Komposition des Pentateuchs, BZAW 189, Berlin. New York 1990, S. 345-351.

75. Zur Identifizierung der Tora mit dem Pentateuch vgl. *Blum*, S. 351-360 und *K. Koch*, Weltordnung und Reichsidee im alten Iran und ihre Auswirkungen auf die Provinz Jehud, in: *P. Frei* und *ders.*, OBO 55², S. 133-325, hier S. 304-307.

10. Die Literar- und die Redaktionskritik

10.1 Ihre Voraussetzungen

Dem alttestamentlichen Zeitalter fehlte das bei den Griechen aufkommende und trotzdem bis zum Ausgang des Mittelalters nicht allgemeingültige Verständnis eines literarischen Werkes als der Komposition eines für seine Endgestalt verantwortlichen Verfassers oder Herausgebers. Daher ist es nicht verwunderlich, daß sich alle Angaben über die Verfasser der alttestamentlichen Bücher aus vorhellenistischer Zeit[76] eher als Unterstellung unter eine anerkannte Autorität denn als Verfasserangaben im modernen Sinn verstehen lassen. So wurden z. B. die Psalmen der Autorität König Davids und seiner Sänger als der exemplarischen Beter, die Weisheitschriften der König Salomos als des exemplarischen Weisen und der Pentateuch als die Tora Israels der Moses als dem Vermittler der Sinaioffenbarung unterstellt. Zutreffende Angaben über den Verfasser eines biblischen Buches besitzen wir erst in dem aus dem zweiten Jahrzehnt des 2. Jahrhunderts vor Christus stammenden Sirachbuch.[77] Da es sich bei den biblischen Büchern um religiöse Gebrauchsliteratur handelt *(Erhard S. Gerstenberger)*, wurden selbst die alttestamentlichen Bücher einschließlich der prophetischen Schriften bis zum Zeitpunkt ihrer Anerkennung als Heiliger Schriften bei ihren Abschriften jeweils an die gegenwärtige Situation in der Gestalt von redaktionellen Einfügungen und Fortschreibungen adaptiert und aktualisiert. Dieses Urteil beruht auf einer inzwischen über zweihundertjährigen literar- und seit drei Jahrzehnten auch redaktions-

---

76. Mit Ausnahme der Denkschrift des Statthalters Nehemia, sofern man sie nicht ebenfalls wie *J. Becker*, Der Ich-Bericht des Nehemiabuches als chronistische Gestaltung, FzB 87, Würzburg 1998 als eine Pseudepigraphe versteht.
77. Das erste biblische Buch, in dem der Verfasser seinen Namen selbst im Kolophon nennt, ist das des Jesus Sirach aus dem zweiten Jahrzehnt des 2. Jahrhunderts vor Christus, vgl. Sir 50,27-29. Das Buch des Kohelet oder Predigers Salomo ist ausweislich der Epilogs Koh 12,9-14 von einem seiner Schüler herausgegeben und dann nur noch ein einziges Mal und überaus sparsam durch den sogenannten Zweiten Epilogisten bearbeitet worden; vgl. dazu *A. A. Fischer*, Skepsis oder Furcht Gottes? Studien zur Komposition und Theologie des Buches Kohelet, BZAW 247, Berlin, New York 1997, S. 21-35 bzw. das Referat bei *O. Kaiser*, ThR 60, 1995, S. 246–248 = *ders.*, Gottes und der Menschen Weisheit, BZAW 261, 1998, S. 193-195.

kritischen Erforschung des Alten Testaments. Die Angemessenheit der Literarkritik konnte *Jeffrey H. Tigay* aufgrund seiner Untersuchung der Überlieferungsgeschichte des akkadischen Gilgameschepos bestätigen.[78] Demgemäß trifft der Vorwurf, es handle sich bei der Literar- und Redaktionskritik um eine den biblischen Texten unangemessene *interpretatio europaeica moderna* nicht die Literarkritiker, sondern die, die ihn aus Trägheit des Denkens gegen sie erheben. Bücher, die ihre Endgestalt einem in der Regel vielschichtigen Redaktionsprozeß verdanken, in dem über Jahrhunderte hinweg jede Abschrift zugleich eine Interpretation darstellte, lassen sich abgesehen von den späten romanhaften Erzählungen des Ester- und Juditbuches nicht als primär literarisch geschlossene Werke verstehen. Wer sich ihrer Vielstimmigkeit verschließt, bringt sie um ihren Reichtum und sich selbst um die Voraussetzung einer angemessen-analogen Umsetzung in seiner Predigt, die schließlich das eigentliche Ziel der Arbeit des Exegeten als Theologen darstellt.

10.2 Ihre Aufgabe

Der Ausleger muß daher bei jedem seiner Texte überprüfen, ob sie als literarisch einheitlich oder mehrschichtig zu beurteilen sind. Demgemäß fragt die *Literarkritik* nach der Einheit bzw. dem Grundbestand des Textes und seinen Bearbeitungen. Aus der Beachtung der traditionsgeschichtlichen Entwicklungen und der Tendenzverschiebungen ergibt sich eine hypothetische chronologische Anordnung der redaktionellen Zusätze und damit ein begrenzter Einblick in die *Redaktionsgeschichte* des Textes.[79] Das sich auf eine partielle Textbasis stützende Ergebnis verlangt nach seiner Bestätigung oder Korrektur durch eine entsprechende Analyse des ganzen Buches. Diese Aufgabe läßt sich nur im Zusammenhang mit einer einschlägigen monographischen Untersuchung oder einer Kommentie-

---

78. Vgl. *J. H. Tigay*, The Evolution of the Pentateuchal Narratives in the Light of the Evolution of the Gilgamesh Epic, in: *ders.*, Empirical Methods for Biblical Criticism, Philadelphia 1985, S. 21-52 und *ders.*, Conflation as a Redactional Technique, ebd., S. 53-109.
79. Daß die Redaktionsgeschichte neben der Literarkritik eine besondere Aufgabe darstellt, ist eine indirekte Auswirkung der traditionsgeschichtlichen Untersuchungen von *M. Noth*, Überlieferungsgeschichtlichen Studien, SKG.G XVIII/2, Halle 1943 = Darmstadt 1957² und *ders.*, Überlieferungsgeschichte des Pentateuch, Stuttgart 1948 (Darmstadt 1960²), vgl. bes. S. 7-40.

rung des ganzen Buches lösen.[80] Daher ist der Student auf ihre kritische Benutzung angewiesen; denn einerseits gibt es deutliche Unterschiede in der Bewertung des Alters und Einordnung der Texte[81] und zweitens besit-

80. Zu den Kommentaren zu den einzelnen Büchern vgl. die Angaben in den Einleitungen von *O. Kaiser*, Einleitung[5], 1984, *ders.*, Grundriß der Einleitung I-III, 1992-1994 und *E. Zenger*, Hg., Einleitung, 1998[3] bzw. in *W. H. Schmidt*, Einführung in das Alte Testament, Berlin, New York 1995[5]. Als ebenso wichtige wie aktuelle oder sich im Stadium der Aktualisierung befindliche Kommentarreihen seien hier erwähnt; Das Alte Testament Deutsch (ATD), Göttingen; The Anchor Bible (AncB) Garden City/New York bzw. New York; Biblischer Kommentar Altes Testament (BK), Neukirchen-Vluyn; Commentaire de l'Ancien Testament (CAT), Neuchâtel; The Forms of the Old Testament Literature (FOTL), Grand Rapids/Michigan; das Handbuch zum Alten Testament (HAT), Tübingen; The International Critical Commentary (ICC), Edinburgh; Kommentar zum Alten Testament (KAT), Gütersloh; Neue Echter Bibel, Würzburg; Neuer Stuttgarter Kommentar. Altes Testament (NSK.AT), Stuttgart; The New Century Bible Commentary (NCBC), Grand Rapids/Michigan und London; The Old Testament Library (OTL), London und Philadelphia; Word Biblical Commentary (WBC), Waco/Texas und die Zürcher Bibelkommentare. Altes Testament (ZBK.AT), Zürich sowie künftig: Alttestamentlicher Kommentar (ATK), Berlin, New York und Herders theologischer Kommentar zum Alten Testament (HthKAT), Freiburg i.Br.
81. Bei der Sichtung der Literatur zur den Prophetenbüchern aus den letzten dreißig Jahren wird der Leser schnell feststellen, daß sie sich in drei Rubriken einordnen läßt, eine im Blick auf die Literarkritik minimalistische, die in ihrem Urteil kaum über die milderen literarkritischen Urteile der Wende vom 19. zum 20. Jahrhundert hinausgeht, eine mittlere, die sich möglichst um Hochdatierungen bemüht, ohne die Mehrschichtigkeit des Buches zu übersehen, und eine konsequent redaktionsgeschichtliche, die auch die in der milden Literarkritik ausgesparten Texte ihrer kritischen Untersuchung unterwirft. Da die Kollegen es nicht schätzen, in dieses Raster eingeordnet zu werden, belasse ich es bei exemplarischen Hinweisen auf Arbeiten zum Jesajabuch, die der dritten Kategorie angehören, und nenne *J. Vermeylen*, Du prophète Isaïe à l'apocalyptique I-II, EtB, Paris 1977 und 1978; *O. Kaiser*, Das Buch des Propheten Jesaja. Kapitel 1-12, 5. Aufl., ATD 17, Göttingen 1981; *W. Werner*, Eschatologische Texte in Jesaja 1-39. Messias, Heiliger Rest, Völker, FzB 46, Würzburg 1983; *R. Kilian*, Jesaja 1-12, *ders.*, Jesaja 13-19, NEB, Würzburg 1986 und 1994 und schließlich als Überprüfung des von Kaiser 1982 vorgelegten und mit kleinen Abwandlungen TRE 16, 1987, S. 636-685 erneut vertretenen redaktionsgeschichtlichen Bildes *U. Becker*, Jesaja – von der Botschaft zum Buch, FRLANT 178, 1996, das gewisse, sich bei Kaiser ergebende Aporien auflöst. Zur Erforschung der Prophetenbücher vgl. auch *O. Kaiser*, Grund-

zen auch die wissenschaftlichen Veröffentlichungen ihren forschungsgeschichtlichen Kontext.⁸²

10.3 Ihre Durchführung

Die literarkritische Arbeit beginnt mit der Abgrenzung des Textes nach vorn und nach hinten. Sie verantwortet sich dabei kritisch vor den vormasoretischen, masoretischen und in der modernen exegetischen Tradition vollzogenen Abgrenzungen. Die Frage nach dem Anschluß nach vorn und hinten darf sich in vielen Fällen nicht darauf beschränken, den untersuchten Text nur von dem unmittelbar vorausgehenden und folgenden Texte abzugrenzen und seine Beziehung zu ihnen zu bestimmen, sondern dabei muß auch der weitere Kontext berücksichtigt werden. Denn ursprünglich unmittelbar aufeinander folgende Texte können durch redaktionelle Bearbeitungen voneinander getrennt worden sein. Derartige Beobachtungen geben zugleich einen Hinweis auf die Redaktions- und Kompositionsgeschichte des ganzen Buches.

Ist die Abgrenzung des Textes nach vorn und hinten erfolgt, gilt es, sich

---

riß II: Die prophetischen Schriften: Mit einem Beitrag von *F.-K. Pohlmann*, 1994; und dazu ergänzend zu Jeremia *H.-J. Stipp*, Das masoretische und das alexandrinische Sondergut des Jeremiabuches, OBO 136, Freiburg/Schweiz und Göttingen 1994; *K. Schmid*, Buchgestalten des Jeremiabuches. Untersuchungen zur Redaktions- und Rezeptionsgeschichte von Jer 30-33 im Kontext des Buches, WMANT 72, Neukirchen-Vluyn 1996; *A. H. W. Curtis* und *T. Römer*, The Book of Jeremiah and its Reception. Le Livre de Jérémie et sa réception, BEThL 128, Leuven 1997; zu Ezechiel (künftig) *T. A. Rudnik*, »Heilig und Profan«. Redaktionsgeschichtliche Studien zu Ez 40-48, BZAW 287, Berlin, New York 2000 und zum Dodekapropheton *A. Schart*, Zur Redaktionsgeschichte des Zwölfprophetenbuchs, VF 43, 1998, S. 13-33.

82. Ihn erschließen international und epochenübergreifend *J. H. Hayes*, ed., Dictionary of Biblical Interpretation I-II, Nashville 1999, von der Reformation bis zur Mitte des 20. Jahrhunderts *H.-J. Kraus*, Geschichte der historisch-kritischen Erforschung des Alten Testaments, 2. Aufl., Neukirchen-Vluyn 1969, seit dem 18. Jahrhundert die einzelnen Exegeten und Fragestellungen gewidmeten Beiträge von *R. Smend*, Deutsche Alttestamentler in drei Jahrhunderten, Göttingen 1989; *ders.*, Epochen der Bibelkritik. Ges. Studien 3, BevTh 109, München 1991. Von den alttestamentlichen Redaktoren bis zum Humanismus reicht derzeit *H. Graf Reventlow*, Epochen der Bibelauslegung I-III, München 1990-1997, bis zu Augustinus *M. Saebø*, Hebrew Bible/Old Testament. The historiy of Its Interpretation I/1, Göttingen 1996.

der Beobachtung bei der strukturalen oder Aufbauanalyse zu erinnern, die möglicherweise bereits auf am einfachsten als Folge einer Glossierung zu erklärende pleonastische Wortklaster, Stilbrüche und mit Tendenzverschiebungen verbundene Themenwechsel oder Themenausweitungen hingewiesen und damit die Ansatzpunkte für die Literarkritik bereitgestellt hat.[83] Die dort als sekundär oder tertiär erkannten Worte oder Sätze sind weiterhin nun mittels einer Untersuchung ihres Wortschatzes, ihrer Motive und ihrer Tendenzen traditionsgeschichtlich und redaktionsgeschichtlich einzuordnen. Das geschieht arbeitsmäßig am besten im Zusammenhang mit der folgenden Einzelexegese. Der Exeget kommt auch in dieser Beziehung aus dem hermeneutischen Zirkel nicht heraus. Aus dem Gesagten dürfte deutlich geworden sein, welch entscheidende Bedeutung der strukturalen und der literarkritischen Analyse und ihrer redaktionsgeschichtlichen Auswertung zukommt. Durch sie erschließen sich gegebenenfalls nicht nur die literarische Grundgestalt, sondern auch die nachfolgenden Aktualisierungen des Textes und damit die Glaubensgeschichte Israels.

11. Zur Einzelexegese als Wort- und Sacherklärung

11.1 Die semantische Exegese

Die Einzelexegesen dienen der sachlichen Begründung des Ziels der Auslegung in Gestalt einer alle vorausgehenden exegetischen Schritte verarbeitenden Zusammenhangsexegese. Dazu gehört bei jedem Text vorab die Bestimmung der Bedeutung der für das Verständnis relevanten Worte in ihrem synchronen und diachronen Horizont, wie sie für jede Sprache in einer konkreten *Semantik* als Lehre von den Wortbedeutungen erfolgt.[84] Ihre Ergebnisse gehen einerseits in die allgemeinen Lexika[85] ein und werden andererseits in Spezialwörterbüchern[86] ebenso vorbereitet wie aus-

---

83. Vgl. dazu oben, 8.1. und 8.2.3.
84. Vgl. dazu *H. Vetter*, Einführung in die Sprachwissenschaft, UTB 1799, 2. Aufl., München 1996, S. 144-182.
85. Vgl. zu ihnen oben, S. 28–32.
86. Vgl. dazu die alttestamentlichen Beiträge in dem von *G. Kittel* begründeten

gearbeitet. Bei der Bestimmung der Bedeutung eines Wortes ist davon auszugehen, daß es als solches einen bestimmten Sinn besitzt, dieser aber durch den geschichtlichen Gebrauch und jeweiligen Kontext modifiziert wird. Durch den im Laufe der Sprachgeschichte erfolgten, unter Umständen mehrschichtigen *Bedeutungswandel* ergibt sich eine Polyvalenz der Wörter, die in ihrem diachronen, geschichtlichen Aspekt durch historische Längs- und synchrone Querschnitte ermittelt wird. Bei der Bearbeitung eines einzelnen Textes geht man am besten so vor, daß man zunächst an Hand der von den Lexika angegebenen Bedeutungsbreite vorab die kontextgemäße ermittelt. Dabei bleibt die unter Umständen von den Lexika für die bearbeitete Stelle bereits angegebene allgemeine oder spezielle Bedeutung in jedem Fall im Rahmen des Kontextes und des Wortfeldes zu überprüfen. Als Hilfsmittel dafür dienen in erster Linie die Konkordanzen, in zweiter die mittels einer Bibliographie zu ermittelnden Spezialuntersuchungen.[87] Wie bei den vorausgehenden Schritten wird die Sekundär-

und von *G. Friedrich* zu Ende geführten *Theologischen Wörterbuch zum Neuen Testament* I-X, Stuttgart 1933-197 und jetzt vor allem das oben S. 37 Anm. 52 bereits erwähnte, von *J. Botterweck* bzw. *H.-J. Fabry* und *H. Ringgren* herausgegebene *Theologische Wörterbuch zum Alten Testament* I-VIII, Stuttgart 1970-1995 und den im Erscheinen begriffenen Register- und Nachtragsband X, 1997 ff. sowie für die Handbibliothek des Studenten und Pfarrers bestimmt *E. Jenni* und *C. Westermann*, Hg., *Theologische Handwörterbuch zum Alten Testament* I, Gütersloh 1994[5] und II, 1995[5].

87. Hier seien als bewährte bibliographische Hilfsmittel besonders hervorgehoben die von *F. Stier* unter Mitarbeit von *E. Beck* begründete und weiterhin von *B. Lang* in Verbindung mit *G. Feld* herausgegebene *Internationale Zeitschriftenschau für Bibelwissenschaft und Grenzgebiete*, Düsseldorf 1954 ff. und die *Book List* der britischen Society for Old Testament Study, seit 1997 Sheffield. Weiterhin stehen als Rezensionsorgane zur Verfügung der *Elenchus bibliographicus biblicus* der Zeitschrift *Biclica* (seit 49, 1968 gesondert veröffentlicht), die *Theologische Literaturzeitung* (ThLZ), die *Theologische Revue*, Münster, die *Old Testament Abstracts*, Washington D.C. 1978 ff.; die Bücher- und Zeitschriftenschau der *Zeitschrift für die alttestamentliche Wissenschaft* (ZAW) und der Rezensionsteil des *Journal of Biblical Literature* (JBL) und des *Vetus Testamentum* (VT). Sammelreferate bieten die *Theologische Rundschau* (ThR) und die unter dem Titel *Verkündigung und Forschung* (VF) erscheinenden Beihefte zur *Evangelischen Theologie* (EvTh). Wichtig ist auch der *Zeitschrifteninhaltsdienst Theologie* (ZID) der Tübinger Universitätsbibliothek. Dazu kommen als spezielle bibliographische Internet-Dienste z.B. THEOLDI (http://www.uink.ac.at/c/c2/c205); BILDI (http://starwww.uibk.ac.at/theologie/en-html); RAMBI (Telnet: ram 1.huji. ac.il); Jewish Bible Quaterly Index (http://jewishbible.org); TOCS-IN (fip://ftp.chass.uto-

literatur erst benutzt,[88] wenn sich der Ausleger eine, wenn auch noch so vorläufige eigene Meinung erarbeitet hat; denn andernfalls fehlt ihm jegliche Kompetenz, sich zwischen den verschiedenen, in der Sekundärliteratur angebotenen Möglichkeiten zu entscheiden.

Praktisch werden in erster Linie Parallelvorkommen innerhalb derselben Quelle, ihrer Grundschicht oder Bearbeitungsschicht, in zweiter und dritter Linie solche in der ungefähr gleichzeitigen sowie in älteren und jüngeren Schriften und Schichten berücksichtigt.[89] Dabei sind außer den Parallelbegriffen im Sinne einer Wortfelduntersuchung auch die verwandten und entgegengesetzten Begriffe und ihre gattungsspezifische Verwurzelung zu untersuchen. Dabei ist besonders auf die Bedeutungsverschiebungen zu achten, die sich bei ihrer Verwendung in unterschiedlichen Gattungen ergeben. Bei diesen Schritten gehen die begriffsgeschichtliche und traditionsgeschichtliche Untersuchung Hand in Hand. Allerdings sollte die geschichtliche Untersuchung nicht dazu führen, daß über den ermittelten Daten die konkrete kontextuelle Bedeutung übersehen wird. Im Blick auf die spezifischen theologischen Bedeutungen bleibt im Anschluß an *James Barr* festzustellen, daß wir grundsätzlich im Alten Testament mit keinen in größerem Umfang erfolgten Spezialisierungen zu rechnen haben, weil sich in Israel und dem palästinischen Judentum die Religions-, Lebens- und Sprachgemeinschaft über lange Zeiträume hin deckten.[90] Erst im Zuge der im 4. Jahrhundert vor Christus einsetzenden und im 2. zur Bildung der Religionsparteien führenden Abgrenzung der Frommen kam es zu einer Trennung zwischen der Sprache der Religions-

---

ronto.ca/pub/tocs-in/Search.html); Review of Biblical Literature (http://www.sbl-site.org/scripts/SBL/Reviews/reviews.html); vgl. dazu die Einführung von *W. Nethöfel* und *P. Tiedemann*, Internet für Theologen, Unterwegs im Cyberspace, Darmstadt 1999.
88. Dafür gilt die Faustregel: Von den älteren Veröffentlichungen das Beste und von den neueren und neuesten das Relevante. Der Anfänger kann sich in den beiden ersten Fällen mittels eines Einblicks in die Literaturangaben in älteren, neueren und neuesten Einleitungen und Kommentaren ein Urteil bilden: Erwähnungen, die sich durchhalten, sprechen für höchste Qualität, solche die auftauchen und verschwinden, in der Regel für zweite und dritte. Bei den Neuerscheinungen hilft ein Blick in die oben genannten Rezensionsangaben, wobei die jeweilige Tendenz der Besprechungen zu berücksichtigen ist.
89. Zur Vorinfomation verhilft der Einblick in eine umfangreichere kritische Einleitung bzw. die Zusammenfassungen der einschlägigen Monographien.
90. *J. Barr*, The Semantics of Biblical Language, Oxford 1961, S. 3.

gemeinschaft und ihrer Umwelt.[91] Ähnliches gilt auch für die alexandrinische Diaspora.[92] Theologische Verwendung und allgemeinsprachliche Bedeutung hingen also weithin unmittelbar und durchaus im Rahmen der von dem allgemeinen Sprachgebrauch bereitgestellten Differenzierungen zusammen. Erst wenn ein Wort sich mit einem bestimmten theologischen Motiv verband und es als solches dem es Gebrauchenden bewußt war, dürfen wir mit einer entsprechenden, vermutlich eher gefühlsbetonten als begrifflichen Qualifikation rechnen. Anders verhält es sich natürlich mit Fachausdrücken der Rechts-, Kult- und Ritualsprache.

11.2 Überlieferung und Tradition

Bei der diachronen Wortuntersuchung des Sprachgebrauchs erfaßt man gegebenenfalls bereits die traditionsgeschichtlichen Zusammenhänge. Im Interesse der terminologischen Klarheit sollte man auch im Deutschen zwischen mündlicher *Überlieferung* (oral tradition) und schriftlicher Tradierung bzw. *Tradition* (literary tradition) unterscheiden. Wenn sich gelegentlich zur Vermeidung sprachlicher Monotonie ein Wechsel zwischen den beiden Termen nicht umgehen läßt, sollte man darauf bedacht sein, klar zum Ausdruck zu bringen, an welche Art der Vermittlung und Stoffqualität gedacht ist. Dabei sei der Stoff als das expliziert, »was außerhalb eines literarischen Werkes [oder sinngemäß: Textes][93] in eigener Überlieferung lebt und nun seinen Inhalt gewinnt.«[94] Im Fall der Überlieferung wie der Tradition gehört zu dem Stoff ein entsprechender, unter dem Gesichtspunkt der Zuständigkeit zu ermittelnder, unter Umständen institutionsgebundener Personenkreis. Er wird in Analogie zur dem bei der Ermittlung des Sprechers oder Autors im Zusammenhang mit der Bestimmung des Sitzes im Leben anzuwendenden Verfahrens ermittelt.[95]

11.2.1 Die Kennzeichen der Überlieferung

Mit dem Vorliegen einer *Überlieferung* dürfen wir rechnen, wenn sich ein Thema, Stoff oder Motiv aus eindeutigen oder wahrscheinlichen Gründen

---

91. Vgl. dazu *J. Maier*, Zwischen den Testamenten, NEB.AT.E 3, Würzburg 1990, S. 260-290.
92. Vgl. *J. J. Collins*, Jewish Wisdom, S. 136-153.
93. Einfügung des Verfassers.
94. *W. Kayser*, Kunstwerk, S. 56.
95. Vgl. dazu unten, S. 66–69.

als nicht frei erfunden und zwischen ihrer literarischen Ausformung und ihrem zu vermutendem ursprünglichen Sitz im Leben keine schriftliche Zwischenstufe nachweisen läßt. Die Einführung des Wahrscheinlichkeitskriteriums weist auf den hypothetischen Charakter der Identifikation und der ganzen, um des besseren Verständnisses der lebensweltlichen Hintergründe des Textes willen notwendigen überlieferungsgeschichtlichen Konstruktion hin. Ihr Wert für die Rekonstruktion der Vor- und Frühgeschichte Israels ist jedoch heute weit geringer als im ersten und zweiten Drittel des 20. Jahrhunderts einzuschätzen, da im Prozeß der mündlichen Überlieferung dank der für ihn charakteristischen Selektion und Adaption nach ungefähr vier Generationen das Erzählte hinter der Erzählung verschwunden ist.[96]

11.2.2 Die Kennzeichen der Tradition

Läßt sich nachweisen, daß ein in einem Text begegnendes Motiv oder Thema schriftlich vermittelt ist oder hat die literarkritische Untersuchung ergeben, daß eine Texteinschaltung zum Beispiel in Gestalt einer Liste oder eines Liedes als primär selbständige literarische Größen zu beurteilen sind, so handelt es sich um eine Tradition. Auf schriftliche Tradierung verweisen mithin alle in einem Text nachweisbaren literarischen Abhängigkeiten und Entlehnungen. Sachlich läßt sich nicht immer Sicherheit darüber erzielen, ob hinter einem Motiv, Thema oder Zitat eine mündliche Überlieferung oder schriftliche Tradition steht. Denn zumal bei Rechtssätzen, Sprichwörtern, Sprüchen und Prophetenworten ist damit zu rechnen, daß sie vor ihrer Verschriftung mündlich überliefert worden sind. Zur Abklärung dieser Frage bedarf es daher jeweils des Rückgriffs auf Spezialuntersuchungen.

11.2.3 Die Geschichte des Kanons

Die konsequente Durchführung der gattungs-, überlieferungs-, traditions- und redaktionsgeschichtlichen Untersuchungen mündet organisch in die Kanongeschichte ein. Stehen die drei zuerst genannten Schritte im Dienst der Redaktionsgeschichte, so hat diese die Erklärung der Genese des ganzen Buches und schließlich der ganzen Bibel zum Ziel. An diese

---

96. Vgl. *P. G. Kirkpatrick*, The Old Testament and Folklore Study, JSOT.S. 62, 1988, S. 115-117; *O. Kaiser*, Grundriß I, 1992, S. 33 und *H. M. Wahl*, Die Jakobserzählungen, BZAW 258, 1997, S. 137-144.

genetische Würdigung der Bücher und der ganzen, sie aufnehmenden Sammlung Heiliger Schriften schließt sich sachlich die ihrer thematischen Strukturierung und ihrer Gesamtbotschaft an. Daher besteht zwischen der historisch kritischen und der literaturwissenschaftlichen Auslegung solange kein Gegensatz, als die zweite sich nicht über die Ergebnisse der ersten hinwegsetzt.[97] Mag es als einfacher erscheinen, den Blick von der historischen Tiefe der Bibel abzuwenden und sie einfläching als Kunstwerk zu deuten, so werden damit die Fragen des aufmerksameren Lesers nicht beantwortet, der auf ihre Dubletten, Spannungen und Widersprüche stößt und bei der Lektüre der Prophetenbücher erlahmt, wenn er ohne die Hilfe der redaktionsgeschichtlichen Erklärung bleibt.

11.3 Die Sacherklärung

Über den semantischen Nachforschungen darf der Ausleger die Sacherklärungen nicht vergessen:[98] Namen wollen erklärt, Götter und göttliche Wesen,[99] Personen, Sachen[100] und Orte identifiziert sein. So greift der Exeget bei seiner Sachexegese auf die Ergebnisse der speziellen Semantik,[101] der

---

97. Als Klassiker der literaturwissenschaftlichen Methoden verdient *W. Kayser*, Das sprachliche Kunstwerk. Einführung in die Literaturwissenschaft, Bern und München 1959⁵, als Demonstrationen ihrer Leistungsfähigkeit *E. Auerbach*, Mimesis. Dargestellte Wirklichkeit in der abendländischen Literatur, SD 90, 2. Aufl., Bern 1959; *R. Alter*, The Art of Biblical Narrative, Basic Books, 1981, als konkretes Beispiel die Deutung von Goethes *Märchen* durch *N. Boyle*, Goethe. Der Dichter in seiner Zeit II, 1999, S. 406-415 besondere Beachtung.
98. Zu allen hier angesprochenen Gebieten geben die *Bibelwörterbücher* Auskunft. Hier sind vor allem zu nennen *B. Reicke* und *L. Rost*, Hg., Biblisch-Historisches Handwörterbuch I-IV, Göttingen 1962-1997; *M. Görg* und *B. Lang*, Neues Bibel-Lexikon, I (A-G), Zürich 1991; II (H-N) 1995 III im Erscheinen; *D. N. Freedman*, ed., Anchor Bible Dictonary I-IV, New York 1992.
99. Vgl. dazu *K. van der Toorn* u.a., ed., Dictionary of Deities and Demons in the Bible (DDD), Leiden 1995 und dazu *H. Niehr*, Religionen in der Umwelt Israels, NEB.AT.E 5, Würzburg 1998.
100. Vgl. dazu außer den Bibellexika auch *K. Galling*, Hg., Biblisches Reallexikon, 2. Aufl. (BRL²), HAT I/1, Tübingen 1977 und *E. A. Knauf*, Die Umwelt des Alten Testaments, NSK.AT 29, 1994.
101. Zur Auskunft über die *Erklärung der Namen* stehen außerdem die Angaben in den Hebräischen und Aramäischen Wörterbüchern und speziell *M. Noth*, Die israelitischen Personennamen im Rahmen der gemeinsemitischen Namengebung, BWANT III/10, Stuttgart 1928 (ND Hildesheim 1966); *J. J.*

historischen Geographie,[102] der palästinischen Landeskunde,[103] der das Leben der Menschen im biblischen Zeitalter rekonstruierenden Altertumskunde,[104] der Archäologie,[105] der historischen Prosopographie,[106] der Geschichte Israels im Rahmen der Geschichte der altorientalischen und hellenistischen Völker und Kulturen.[107]

> *Stamm*, Die akkadische Namengebung, MVÄG 44, Leipzig 1939; *ders.*, Beiträge zur Hebräischen und Altorientalischen Namenskunde, OBO 30, Freiburg/Schweiz und Göttingen 1980.
> 102. Eine Einführung in die palästinische Geographie bieten *M. Noth*, Die Welt des Alten Testaments, Berlin 1962⁴; vgl. weiterhin *O. Keel* und *M. Küchler*, Orte und Landschaften der Bibel. Ein Handbuch und Studien-Reiseführer zum Heiligen Land I: Geographisch-gechichtliche Landeskunde; II: Der Süden, Göttingen 1984 und 1982; drei weitere Bände in Vorbereitung; *Yohanan Aharoni*, Das Land der Bibel. Eine historische Geographie. Vorw. v. V. Fritz, übers., A. Loew, Neukirchen-Vluyn 1984; *F.-M. Abel*, Géographie de la Palestine I-II, EtB, Paris 1967 und *J. Simons*, The Geographical and Topographical Texts of the Old Testament, Leiden 1959. Eine umfassende Karte nebst Ortsverzeichnis liegt in *Reicke-Rost*, Biblisch-Historisches Handwörterbuch IV, 1979 vor, auch gesondert als Palästina. Historisch-archäologische Karte, Göttingen 1981; für Studienzwecke reichen der Stuttgarter Bibelatlas, bearb. *K. Elliger* und *S. Mittmann*, Stuttgart 1988³; The Oxford Bibel Atlas, ed. *J. May*, Oxford 1984³ bzw. der Atlas zur Bibel, hg. *H. H. Rowley*, 11. Aufl., Wuppertal 1991.
> 103. Vgl dazu *G. Dalman*, Arbeit und Sitte in Palästina I-VII, Gütersloh 1928-1942 (ND I-VI Hildesheim 1964; VII 1971); *F. N. Hepper*, Pflanzenwelt der Bibel, Stuttgart 1993 und *A. Schouten van der Velden*, Tierwelt der Bibel, Stuttgart 1992.
> 104. Vgl. dazu immer noch brauchbar *F. Nötscher*, Biblische Altertumskunde, HS.E 3, Bonn 1940.
> 105. Vgl. dazu *H. Weippert*, Palästina in vorhellenistischer Zeit. Mit einem Beitrag von *L. Mildenberg*, Handbuch der Archäologie. Vorderasien II/1, München 1988; *H.-P. Kuhnen*, Palästina in griechisch-römischer Zeit. Mit einem Beitrag von *L. Mildenberg* und *R. Wenning*, II/2, München 1990; *V. Fritz*, Die Stadt im alten Israel, München 1990 und zur Grundorientierung *ders.*, Einführung in die biblische Archäologie, Darmstadt 1985.
> 106. Vgl. die Hebräisch-Aramäischen und die Bibellexika und zur weiteren Information Darstellungen der Geschichte Israels; vgl. dazu die oben, S. 42 f. Anm. 58 genannten Bände der Biblischen Enzykolpädie.
> 107. Zur Verknüpfung der Geschichte Israels mit der altorientalisch-ägyptischen und später der hellenistischen und römischen vgl. die Bände der *Cambridge Ancient History* (CAH), deren 2nd. ed. seit 1970 erscheint und 1996 bis zu Vol. X mit der Darstellung des Augusteischen Reiches kontinuierlich fortgeschritten ist. Zuletzt ist 1998 Vol. XIII mit der des späten römischen Rei-

Zur Geschichte Israels sind hier zu nennen: *J. Alberto Soggin*, Einführung in die Geschichte Israels und Judas. Von den Anfängen bis zum Aufstand Bar Kochbas, Darmstadt 1991; *Antonius H. J. Gunneweg*, Geschichte Israels. Von den Anfängen bis Bar Kochba und von Theodor Herzl bis zur Gegenwart, ThW 2, 6. Aufl., Stuttgart u. a. 1989; *Herbert Donner*, Geschichte des Volkes Israel und seiner Nachbarn in Grundzügen I: Von den Anfängen bis zur Staatsbildungszeit; II: Von der Königszeit bis zu Alexander dem Großen. Mit einem Ausblick auf die Geschichte des Judentums bis Bar Kochba, ATD.E 4/1 und 2, 2. Aufl., Göttingen 1995; *Martin Metzger*, Grundriß der Geschichte Israels, Neukirchen-Vluyn 1998[11] und für die hochhellenistische und frührömische Zeit *Geza Vermes* und *Fergus Millar*, eds., The History of the Jewish People in the Age of Jesus Christ (175 B.C.-A.D. 135) by *Emil Schürer*. A New English Version I-III/2, Edinburgh 1973-1987; vgl. ferner *Gösta W. Ahlström*, The History of Ancient Palestine from the Paleolithic Period to Alexander's Conquest, JSOT.S 146, Sheffield 1993; zur Information über das Geschichtsbild der überlieferungsgeschichtlichen Forschung der Mitte des 20. Jahrhunderts vgl. die klassische Darstellung von *Martin Noth*, Geschichte Israels, 2. Aufl., Göttingen 1954 (1986[10]).

Zur *Chronologie* vgl. *Elias J. Bickerman*, Chronology in the Ancient World, AGRL, London 1969; *Jack Finegan*, Handbook of Biblical Chronology. Principles of Time Reckoning in the Ancient World and Problems of Chronology in the Bible, 2nd. ed., Peabody, MA 1998 und weiterhin *Joachim Begrich*, Die Chronologie der Könige von Israel und Juda, BHTh 3, Tübingen 1929; *Alfred Jepsen* und *Robert Hanhart*, Untersuchungen zur israelitisch-jüdischen Chronologie, BZAW 88, Berlin 1964 und *Gershon Galil*, The Chronology of the Kings of Israel and Judah, Studies in the History and Cultures of the Ancient Near East 9, Leiden 1996; zur Geschichte und Chronologie der frühen Makkabäerzeit *Klaus Bringmann*, Hellenistische Reform und Religionsverfolgung in Judäa. Eine Untersuchung zur jüdisch-hellenistischen Geschichte /175-163 v.Chr.), AAWG.PH III/132, Göttingen 1983. Als nützlich erweisen sich die Umrechungstabellen bei *Richard A. Parker* und *Waldo H. Dubberstein*, Babylonian Chronology 626 B.C.-A.D 75, Providence, Rhode Island 1956.

Hier ist schließlich auch der Ort, der einschlägigen *Textsammlungen* zu gedenken, die teils speziell und teils universell den Bereich der altorientalisch-ägyptischen Sprachen, Kulturen und Staaten abdecken. Von ihnen sei an erster Stelle, da für den Studenten erschwinglich *Kurt Galling*, Hg., Textbuch zur Geschichte Israels (TGI³), 3. Aufl., Tübingen 1979 genannt, dessen 4. Aufl. sich in Vorbereitung befindet. Außerdem seien, dem steigenden von ihnen abgedeckten Bereich aufgelistet *Graham I. Davies* ass., Ancient Hebrew Inscriptions. Corpus and Concordance, Cambridge, U.K. 1991 (ohne Übersetzung); *Johannes Renz* und *Wolfgang Röllig*, Handbuch der althebräischen Epigraphik I; II/1 und III, Darmstadt

ches erschienen. Für die schnelle Information empfehlen sich die einschlägigen Bände in der Reihe *Oldenbourg Grundriß der Geschichte* (OGG), München, während die im *Handbuch der Altertumswissenschaft* (HAW), München eine Zwischenstellung einnehmen.

1995; II/2 mit den Siegel- und Gewichtsinschriften befindet sich in Vorbereitung (mit Übersetzung); *Klaus Beyer,* Die aramäischen Texte vom Toten Meer (mit Übersetzung), Göttingen 1984; dazu der Ergänzungsband, 1994; *John C. L. Gibson,* Textbook of Syrian Semitic Inscriptions I (Hebrew and Moabite Inscriptions), Oxford 1981²; II (Aramaic Inscriptions), 1975; III (Phoenican Inscriptions), 1982; *Herbert Donner* und *Wolfgang Röllig,* Kanaanäische und aramäische Inschriften, I: Texte, 2. Aufl., Wiesbaden 1966; II: Mit einem Beitrag von *Otto Rössler,* Kommentar (mit Übersetzung), Wiesbaden 1964; *Manfried Dietrich, Oswald Loretz* und *Joaquín Sanmartín,* The Cuneiform Alphabetic Texts from Ugarit, Ras Ibn Hani and Other Places (KTU) (ohne Übersetzung), 2nd. ed., ALSPM 8, Münster 1995. Dazu kommen die Sammelwerke *Walther Beyerlin,* Hg., Religionsgeschichtliches Textbuch zum Alten Testament, ATD.E 1, Göttingen 1985²(Studentenbuch); *Hugo Greßmann,* Hg., Altorientalische Texte zum Alten Testament (AOT²), Berlin und Leipzig 1926² (ND); *James B. Pritchard,* Ancient Near Eastern Texts Relating to the Old Testament (ANET), Princeton 1955² nebst dem Supplement: The Ancient Near East, Princeton 1969, das gleichzeitig Ergänzungen zu *J. B. Pritchard,* The Ancient Near East in Pictures Relating to the Old Testament (ANEP), Princeton 1954 bietet; umfassend sind die *Littératures Anciennes du Proche Orient* (LAPO), Paris (bisher 17 Bände) und *O. Kaiser* u. a., Hg., Texte aus der Umwelt des Alten Testaments (TUAT) I-III, Gütersloh 1982-1997. Vgl. weiterhin *Othmar Keel,* Die Welt der altorientalischen Bildsymbolik und das Alte Testament. Am Beispiel der Psalmen, 2. Aufl., Zürich u. a. und Neukirchen-Vluyn 1977 und *Silvia Schroer,* In Israel gab es Bilder.Nachrichten von darstellender Kunst im Alten Testament, OBO 74, Freiburg/Schweiz und Göttingen 1987.

Der Exeget greift zurück auf die Ergebnisse der Religionsgeschichte Israels und seiner Umwelt und der Theologie des Alten Testaments.

Die lebendige Darstellung von *Rainer Albertz,* Religionsgeschichte Israels, ATD.E 8/1-2, Göttingen 1992 besitzt gewisse, auf dem Feld der Redaktionsgeschichte liegende Schwächen; vgl. daher auch den Abriß bei *O. Kaiser,* Der Gott des Alten Testaments I, UTB 1747, 1993, S. 90-156 und ergänzend *Othmar Keel* und *Christoph Uehlinger,* Göttinen, Götter und Gottessymbole. Neue Erkenntnisse zur Religionsgeschichte Kanaans und Israels aufgrund bislang unerschlossener ikonographischer Quellen, QD 134, 4. Aufl., Freiburg i.Br. u. a. 1998 und *Eckart Otto,* Das Deuteronomium. Politische Theologie und Rechtsreform in Juda und Assyrien, BZAW 284, Berlin, New York 1999. Unentbehrlich und mit seinen reichen Literaturangaben weiterführend ist *Herbert Niehr,* Religionen der Umwelt Israels, NEB.AT.E 5, Würzburg 1998; vgl. weiterhin *Hartmut Gese, Maria Höfner, Kurt Rudolph,* Die Religionen Altsyriens, Altarabiens und der Mandäer, RFM 10/2, Stuttgart u. a. 1970; *Dirk Kinet,* Ugarit- Geschichte und Kultur einer Stadt in der Umwelt des Alten Testaments, SBS 104, Stuttgart 1988; *Oswald Loretz,* Ugarit und die Bibel. Kanaanäische Götter und Religion im Alten Testament, Darmstadt 1990; *Jan Assmann,* Ägypten. Theologie und Frömmigkeit einer frühen Hochkultur, UB 366, Stuttgart 1991²; *Klaus Koch,* Geschichte der Ägyptischen Religion. Von den Pyramiden bis zu den Mysterien der Isis, Stuttgart u. a. 1993; dazu das *Lexikon* der Ägyptologie (LÄ) I-IV, hg. *Wolfgang Helk, Eberhard Otto* und *Wolfhart Westendorf,* Wiesbaden 1975-1986; zur mesopotamischen (Kultur und) Religion *Wolfram von Soden,* Einführung in die Altorientalistik, Darmstadt 1985 sowie immer noch *Samuel N. Kramer,* The Sumerians. Their History, Culture and Character, Chicago 1963 (ND); *A. Leo Oppenheim,* Ancient Mesopotamia. Portrait of a Dead Civilization, Chicago 1964 (ND) und *Thorkild Jacobsen,* The Treasures of Darkness. A History of Mesopotamian Religion, New Haven und London 1976 (ND) und dazu das Reallexikon der Assyrologie, I-II, hg. *Erich Ebeling* und *Bruno Meissner,* Berlin und Leipzig 1928 und 1938; (und vorderasiatischen Archäologie) III, hg. *Ernst Weidner* und *Wolfram von Soden,* Berlin. New York 1957-1971, IVff., hg. *Dietz Otto Edzard,* 1972 ff., letzte Lieferung IX/1-2 1998. Zu den Textausgaben vgl. oben, S. 62 f. und außerdem *Miriam Lichtheim,* Ancient Egyptian Literature I-III, Berkeley u. a. 1976-1980; *Günther Roeder,* Die Ägyptische Religion in Texten und Bildern I-IV, BAW.AO, Zürich und Stuttgart 1960; *Erik Hornung,* Ägyptische Unterweltsbücher, BAW.AO, Zürich und München 1972; *ders.,* Das Totenbuch der Ägypter, BAW.AO, Zürich und München 1979; *Siegfried Schott,* Altäyptische Liebeslieder. Mit Märchen und Liebesgedichten, BAW.AO, Zürich 1950² und *Hellmut Brunner,* Altägyptische Weisheit. Lehren für das Leben, BAW.AO, Zürich und München 1988 und schließlich *A. Falkenstein* und *W. von Soden,* Sumerische und Akkadische Hymnen und Gebete, BAW.AO, Zürich und Stuttgart 1953; zum mythischen Denken vgl. *Henry Frankfort* u. a., Alter Orient- Mythos und Wirklichkeit (The Intellectual Adventure of Ancient Man, Chicago 1946), übers., Peter Dülberg, UB 9, Stuttgart u. a. 1981² und *Emma Brunner-Traut,* Frühformen des Erkennens. Am Beispiel Altägyptens, 2. Aufl., Darmstadt 1992; *Rolf Hachmann,* in: *ders.* und *Silvia Penner,* Kamid el-Loz III: Der eisenzeitliche Friedhof und seine kulturelle Umwelt, Saarbrücker Beiträge zur Altertumswissenschaft 21, Bonn 1999, S. 17-31.

Von den Darstellungen der Theologie des Alten Testaments aus der Mitte des 20. Jahrhunderts verdienen *Walther Eichrodt,* Theologie des Alten Testaments I: Gott und Volk; II: Gott und Welt; III: Gott und Mensch, Stuttgart und Göttingen 1957⁵ und 1961⁴ und *Gerhard von Rad,* Theologie des Alten Testaments I: Die Theologie der geschichtlichen Überlieferungen Israels, München 1969⁶ (Gütersloh 1992¹⁰) und II: Die Theologie der prophetischen Überlieferungen Israels 1968⁵ (1993¹⁰) zumal *ders.,* Weisheit in Israel, Neukirchen-Vluyn 1970 (ND GTB 1437, Gütersloh 1992 als klassische Darstellungen ihrer Epoche noch immer Erwähnung. An neueren Darstellungen aus dem deutschen Sprachraum liegen vor: *Horst-Dietrich Preuß,* Theologie des Alten Testaments I: JHWHs erwählendes und verpflichtendes Handeln; II: JHWHs Weg mit Israel, Stuttgart u. a. 1991 und 1992; *Antonius H. J. Gunneweg,* Biblische Theologie des Alten Testaments. Eine Religionsgeschichte Israels in biblisch-theologischer Sicht, hg. von Manfred Oeming, Stuttgart u. a. 1993; *O. Kaiser,* Der Gott des Alten Testaments. Theologie des AT I: Grundlegung; II: Wesen und Wirken, UTB 1747 und 2024, Göttingen 1993 und 1998 (III in Vorbereitung); *Josef Schreiner,* Theologie des Alten Testaments, NEB.AT.E 1, Würzburg 1995 und *Rolf Rendtorff,* Theologie des Alten Testaments I: Kanonische Grundlegung; II: Thematische Entfaltung (angekündigt), Neukirchen-Vluyn 1998 (und 1999). Einzelne Themen behandelt das *Jahrbuch für Biblische Theologie* (JBTh), Neukirchen-Vluyn, von dem bisher 13 Bände vorliegen.

Es versteht sich von selbst, daß alle in dem zur Untersuchung anstehenden Text erwähnten Menschen und ihre Lebensäußerungen, ihre kulturellen, religiösen, geschichtlichen und geographischen Einzelheiten der sorgfältigen Aufklärung bedürfen. Dabei ist in der Darstellung der reale Ertrag für das Verständnis des untersuchten Textes im Auge zu behalten, so daß das gelehrte Ergebnis den Text nicht erdrückt und die Auslegung unnötig befrachtet. Wenn man zu dem Ergebnis kommt, daß eine Entlehnung aus einem anderen Lebenszusammenhang vorliegt, muß man sich Klarheit über ihre Funktion in ihrem ursprünglichen und in ihrem vorliegenden Kontext verschaffen.

11.4 Das Problem der Historizität

Unbeschadet ihres Realitätsbezuges und Realitätsgehaltes ist jede menschliche sprachliche oder sonstige Hinterlassenschaft ein historisches Dokument. Bei der Auslegung eines Textes stellt sich freilich das spezielle Problem nach dem *Wirklichkeitsbezug* des Textes. Es ist einsichtig, daß seine literarische Eigenart als Sage, Legende, Brief, Vertrag, annalistische Notiz oder Geschichtsbericht einen unterschiedlichen Bezug zur Wirklichkeit signalisiert. Er kann phantastischer, symbolischer oder realer Natur sein. Bei der Sage handelt es sich primär um die Form der Erinnerung an menschliche Taten im Stadium der mündlichen Überlieferung, beim Märchen um die Wunscherfüllung in Gestalt des Sieges des Guten über das Böse und der Überwindung der Gefährdung des Glücks und bei der Mythe um die Begründung eines häufig sakralen Ortes oder Aktes, so ist damit bereits ihr poetische oder symbolischer Charakter gegeben. Besonderer Umsicht und Kenntnis der Stilgesetze bedarf es dagegen bei der Deutung der westasiatisch-ägyptischen Königsinschriften und nicht minder der jeweiligen Tendenzen der biblischen Geschichtserzählungen. Sie lassen sich erst in historische Abläufe umsetzen, wenn ihre Stilgesetze und ihre Tendenzen erkannt sind. Die alten Königsinschriften verschleiern eigene Niederlagen, erhöhen die eigenen Siege und vergrößern zugleich die Schwere der Niederlage der Feinde.[108] Die alttestamentlichen Ge-

---

108. Vgl. dazu z.B. *E. Otto*, in: Ägypten. Literatur, HO I/1/2, 2. Aufl., Leiden 1970, S. 169-188; *R. Gundlach*, Der Pharao und sein Staat, Darmstadt 1998, S. 36-40 bzw. *R. Borger*, Einleitung in die assyrischen Königsinschriften 1:

schichtserzählungen besitzen ihre besonderen Tendenzen, indem sie den Geschichtsverlauf aufgrund des religiösen Ideals der Alleinverehrung Jahwes und der Vorstellung von der göttlichen Erwählung Israels interpretieren.[109] Abgesehen davon gelten die Grundregeln in Gestalt der Nachweisbarkeit eines tatsächlichen oder vorstellbaren Zeugenzusammenhangs zwischen dem Berichteten und dem Bericht und dem allgemeinen Wahrscheinlichkeits- oder Evidenzkriterium.[110] Wenn sich der Theologe dabei auf den berühmten Ausspruch Hamlets bezieht, muß er sorgfältig prüfen, ob seine manchmal in der Tat angebrachte Zurückhaltung der Furcht vor Gott als dem Herrn der Wirklichkeit oder einer geheimen Furcht für Gott entspringt. Der biblische Exeget steht als Historiker vor der Aufgabe, die Gottesbezeugungen seiner Texte in ihrer Eigenart zu erfassen. Dazu gehört auch, daß er sich der Charakters ihrer Art der Weltdeutung vergewissert.

12. Die Bestimmung des Sitzes im Leben

Damit sind alle Vorarbeiten geleistet, um den Sitz im Leben eines Textes zu bestimmen. Diese Aufgabe besitzt einen dreifachen Aspekt. Denn einerseits bedarf sie der Beantwortung der Frage nach dem institutionellen oder gesellschaftlichen Hintergrund des Textes bzw. seines Verfassers, andererseits der nach den Adressaten und schließlich der nach der geschichtlichen Situation des Textes.

Das zweite Jahrtausend v.Chr., HO I.E 5/1/1, Leiden 1961; *W. Schramm*, 2: 934-722 v.Chr., HO I.E 5/1/2, Leiden 1973.

109. Vgl. dazu *O. Kaiser*, Der Gott des Alten Testaments I, UTB 1747, 1993, S. 157-212 und *ders.*, Der Gott des Alten Testaments II, UTB 2024, Göttingen 1998, S. 29-66 und S. 191-208.

110. Vgl. dazu grundlegend *J. G. Droysen*, Grundriß der Historik, Darmstadt 1977[8] und zur neueren Theoriediskussion z. B. *K.-G. Faber*, Theorie der Geschichtswissenschaft, München 1978 und *H. M. Baumgartner*, Kontinuität und Geschichte. Zur Kritik und Metakritik der historischen Vernunft, stw 1314, Frankfurt am Main 1997.

12.1 Die Frage nach dem institutionellen Hintergrund

Aus dem ermittelten traditionsgeschichtlichen Hintergrund geht bereits hervor, in welchen gesellschaftlichen Kreisen der Verfasser eines Textes zu suchen ist. Es bedarf jetzt nur noch einmal der systematischen Erinnerung an die in Frage kommenden Tradentenkreise: Sagen und Märchen erzählte man sich vermutlich nach der Arbeit in den Abendstunden in den Höfen und auf den Plätzen der Siedlungen, Legenden im Umkreis eines Heiligtums oder in den Gassen der Siedlungen. Erzählerische Begabungen können, müssen aber nicht institutionell verortet gewesen sein. Priesterliche Torot oder Weisungen zeigen an, daß der fragliche Text aus priesterlichen Kreisen stammt, entweder der Belehrung der Priester selbst, der Laien oder beider diente. Ihr Sitz im Leben ist im Umkreis des Tempels zu suchen. Auch die sogenannte Priesterschrift zeigt mit ihrem zentralen kultischen Interesse, daß sie von Priestern verfaßt worden ist.[111] Königliche Listen und Annalen besitzen ihren Sitz im Leben am Hof. Als ihre Verfasser dürfen wir königliche Schreiber ansetzen. Aus ihrem Kreise scheint die nichtpriesterliche Geschichtsschreibung der spätvorexilischen und exilischen Epoche zu stammen. Die Frage, wer ihre Werke aktualisiert hat, bis sie in die Verwaltung der Tempelschreiber übergingen, bedarf noch genauerer Untersuchung. Ob die von den klassischen Propheten selbst aufgezeichneten oder diktierten Prophetensprüche im 8. bis frühen 6. Jahrhundert vor Christus in der zum Tempel und Palast gehörenden Bibliothek oder von sogenannten Schülerkreisen aufbewahrt worden sind, ist kontrovers. Die exilischen und nachexilischen Schriften stehen teils unter deuteronomistischem, teils unter levitischem Einfluß und dürften mithin alsbald im Umkreis des zweiten Tempels aufbewahrt und bearbeitet worden sein. Dort dürften auch die den Gegensatz zwischen den Frommen und den Gerechten unterstreichenden Worte nachgetragen worden sein. Weisheitliche Worte entstammen zunächst der Einsicht lebenskundiger Männer und Frauen und sind erst später in den literarischen Betrieb eingegangen und zu Schultexten geworden. Rechtssprüche und Rechtsreihen verweisen auf die Gerichtsbarkeit im Tor. Schließlich haben sich die Traditionen in der späten Perser- und der frühen Hellenistischen Zeit vermischt. Das spricht für die Annahme, daß das literarische religiöse oder

---

111. Vgl. dazu auch *L. L. Grabbe*, Priests, Prophets, Diviners, Sages. A Socio-Historical Study of Religious Specialists in Ancient Israel, Valley Forge, PA 1995.

religiös ausgedeutete Erbe inzwischen in die Obhut der Tempelschreiber übergangen war.[112]

12.2 Die Frage nach den Adressaten und der Zeitstellung

Da die traditionsgeschichtlichen Untersuchungen bereits eine relative zeitliche Einordnung des Textes implizieren, bedarf es jetzt zunächst der Bestimmung der Adressaten des Textes. Sie läßt sich nur hypothetisch aufgrund der Tendenz und Botschaft des Textes und der ihnen entsprechenden Zeitstellung erschließen: Woran leiden die Adressaten der Texte konkret? Welche Fehler werden ihnen vorgehalten? Welche göttlichen oder menschlichen Strafen oder Hilfen werden ihnen in Aussicht gestellt? Läßt sich aufgrund ihrer Charakterisierung ihre Zugehörigkeit zu einer bestimmten Gesellschaftsschicht bestimmen? Handelt es sich bei ihnen um eine Allheit, Mehrheit oder Minderheit? Welche geschichtliche Situationen scheiden aufgrund der traditionsgeschichtlichen Ergebnisse aus, welche kommen weiterhin in Frage? Bei der Beantwortung all dieser Fragen sollte der Exeget sich und seinen Rezipienten Rechenschaft über den Wahrscheinlichkeitsgrad seiner Antworten geben und dem Grundsatz folgen, daß der gute Exeget und Historiker keine Sicherheit vortäuscht, die seinen Befund und die zur Verfügung stehenden Wahlmöglichkeiten übersteigt. Der Fortgang der Wissenschaft sollte besser statt von den Fehlern der Vorgänger, von den von ihnen als offen zurückgelassenen Fragen leben. Die Grundtugenden des Exegeten sind philologische Sorgfalt, methodisch gezügelte und doch lebendige Imagination und schließlich Bescheidenheit angesichts des hypothetischen Charakters seiner Ergebnisse.

---

112. Vgl. dazu *M. Fishbane*, Biblical Interpretation in Ancient Israel, Oxford 1985 (ND) und *Ch. Schams*, Jewish Scribes in the Second-Temple Period, JSOT.S 231, Sheffield 1998.

13. Die Zusammenhangsexegese – Ihre Aufgabe und Durchführung

Nachdem der Ausleger alle bisher beschriebenen Schritte vollzogen hat, steht er vor der Aufgabe, ihre Ergebnisse zum Zweck seiner Darstellung neu zu gliedern. Wenn der Anfänger dabei schulmäßig den einzelnen Schritten folgt und den jeweils unerledigten Problemgehalt notiert, um ihn bei den weiteren Untersuchungsschritten aufzunehmen, wird er auch so eine lesbare Auslegung vorlegen. Wer größere Komplexe auszulegen hat, sollte Rücksicht auf seine Leser oder Hörer nehmen und ihnen methodische Umwege ersparen und an die in Noten begründete Übersetzung eine Einleitung anschließen, welche die Gliederung, Gattung, den Sitz im Leben und die Zeitstellung des Textes behandelt. Dann sollte eine zusammenhängende Auslegung folgen, die ihrerseits die Ergebnisse der Einzelexegese soweit für das Verständnis erforderlich aufnimmt und so den Text auslegend vergegenwärtigt. Es handelt sich bei ihr um keine Paraphrase des Textes, sondern um eine seine argumentativen Schritte auf dem Hintergrund seiner selbstverständlichen Denkvoraussetzungen und seiner vorausgesetzten Lebenswelt nachvollziehende Auslegung, die ihn dem Rezipienten verständlich macht. Gemäß der vornehmsten Aufgabe des Exegeten als des Anwaltes seines Textes geht es darum, ihn und nicht sich selbst in seiner Gelehrsamkeit in den Vordergrund zu stellen.

14. Schlußbemerkung: Stil und Ziel der Exegese

Der Ausleger tritt hinter seiner Exegese zurück. Das Wort »Ich« gebraucht er (von unvermeidlichen Ausnahmen abgesehen) am besten nur im Vorwort in dem Satz »Ich danke …« Denn es geht in der Exegese (wie in der Wissenschaft überhaupt) nicht darum, *wer* Recht hat, sondern *was* richtig ist. Der Gebrauch vermeidbarer Fremdworte erhöht den Wert einer wissenschaftlichen Arbeit nicht. Theologisch zu denken, heißt Gott im Geist dienen. Daher sei der Stil der Exegese von angemessener Strenge, Knappheit und Klarheit.

Seinen übervollen Zettelkasten übergibt der Exeget nach der Auswertung am besten der Papierverwertung oder dem elektronischen Tod. Die Kommentierung ist jedenfalls nicht der Ort für seine Aufbewahrung; denn andernfalls langweilt er seine Hörer oder Leser. Der Exeget sollte seine Leser oder Hörer auch nicht unterschätzen und am Ende jedes Textes die Gemeinsamkeiten und Unterschiede zwischen alt- und neutestamentlichen Glaubensgedanken unterstreichen. Der in seiner Rede von Gott sachgemäß in seine eigene Welt zurückversetzte und gleichzeitig heute zur Sprache gebrachte Text provoziert allerdings die Frage nach dem eigenen Existenz- und Weltverständnis. Er kann es dabei ebenso bestätigen wie herausfordern. Die Frage nach der Gegenwartsbedeutung alttestamentlicher Texte für den Christen läßt sich in drei aufgliedern. Sie lautet dann: Was verbindet uns mit ihm auf dem Felde des ersten, was trennt uns von ihm auf dem des zweiten und verbindet uns auf dem des dritten Artikels des christlichen Credos mit ihm. Zumal der Anfänger steht hier in der Gefahr, vorschnell sein christliches Urteil zu fällen oder ebenso vorschnell seinen prophetischen Auftrag zur Geltung zu bringen. Die Grundregel lautet auch hier, den Text in seiner Besonderheit nicht vorschnell zum Schweigen zu bringen oder für das eigene Existenzverständnis in Anspruch zu nehmen. Erst wer ihn hat ausreden lassen, kann sachgemäß fragen, was er uns bedeutet. Es ist wohl kein Zufall, daß das alttestamentliche Erbe in drei Weltreligionen weiterlebt.

Das ganze, dem Anfänger vermutlich mühselig erscheinende exegetische Geschäft wird für den zu einer spannenden Reise in die Vergangenheit, der das Ziel seiner Arbeit nicht aus dem Auge verliert: Es geht darum, den Reichtum der Gottesbezeugungen der Bibel als der Heiligen Schrift der Gegenwart zu erschließen. In ihren Texten begegnen uns die Antworten auf die Grundfrage des Glaubens Israels aus vielen Jahrhunderten und Generationen, ob es einen gnädigen oder einen zornigen Gott besitze und wie wir Menschen daher angemessen mit ihm zu verkehren und miteinander umzugehen haben. Wer sich ein Leben lang in der Kunst die Bibel zu lesen übt, dem gehen die Gedanken für seinen Unterricht und seine Predigt nie aus. Dank der wesensmäßigen Einheit der Menschen vor Gott in der Zeit schärfen uns die biblischen Texte den Blick für die eigene Zeit und Situation. Daher dient die biblische Exegese dem Zweck der Erneuerung und Befestigung des Glaubens, der Predigt und der Lehre im Hören auf das Zeugnis der Schrift.[113]

---

113. Für freundliche Korrekturhilfe danke ich Frau W. M. Anna Karena Müller, Marburg.

Werner Georg Kümmel

**Die neutestamentliche Exegese
durchgesehen und ergänzt von Otto Merk**

Die in sechs deutschen Auflagen und in einer amerikanischen Ausgabe greifbare, bewährte Einführung von Werner Georg Kümmel soll auch in vorliegender Neuauflage weithin unverändert erhalten bleiben. Der Autor, der in seinen Veröffentlichungen zumeist international umfassend die Forschung berücksichtigte, legte bei dieser Einführung entscheidendes Gewicht darauf, daß die Studierenden und besonders die Anfängerinnen und Anfänger mit wenigen unentbehrlichen Hilfsmitteln sich selbstständig in die Schriften des Neuen Testaments einarbeiten und sich einzelne Perikopen auf diese Weise näher erschließen. Nicht die überbordende Fülle der ›Sekundärliteratur‹, nicht umfassende Handbücher zur Bewältigung von Exegesen/Proseminaren wollte er bei dem *Einstieg in die exegetische Arbeit* berücksichtigt wissen. Was ihm als akademischer Lehrer mit hohem pädagogischen Geschick in Jahrzehnten überzeugend gelang, ist hier niedergelegt: Die Freude an der Bibelauslegung mit nüchtern-klarem Blick auf die Sache, mit dem notwendigsten methodischen Rüstzeug ausgestattet, zu wecken und das Wagnis der exegetischen Arbeit und das Betroffensein vom Sachanliegen des Textabschnittes nicht zu scheuen. Mit einem Wort: Im Umgang mit der Exegese zu erfahren, daß die historisch-kritische Methode exegetischen Arbeitens Rekonstruktion und Interpretation umfaßt und selbst ein Akt des Lebens ist, dahin zurückführend, »wo Menschen einst gefragt und gezweifelt, geglaubt und verleugnet haben, als sie die Botschaft vom Heil hörten«. »Historische Kritik« »stellt damit auch uns vor Entscheidung und unter Verheißung« (*E. Käsemann*, Vom theologischen Recht historisch-kritischer Exegese, ZThK 64, 1967, S. 259-281, Zitat: 281). Unverändert gilt auch für diese Neuausgabe, wie es *W. G. Kümmel* für die Verfasser hinsichtlich der 5. Auflage im Vorwort kennzeichnete: »Unsere Einführungen wollen weder ein Lehrbuch ersetzen noch umfassende Bibliographien bieten, sie beabsichtigen nicht mehr, als was der Titel des Heftes besagt, nämlich den noch völlig Unerfahrenen einzuführen in die Methode, die Möglichkeiten und Schwierigkeiten, aber auch die Unentbehrlichkeit und den Nutzen biblischer Exegese, und sie haben ihr Ziel erreicht, wenn der Leser sich durch diese Ratschläge veranlaßt sieht, zur eigentlichen exegetischen Literatur zu greifen und mit ihrer Hilfe selber Exegese zu treiben« (S. 5 f.).

Die vorliegende Neuausgabe bringt innerhalb des Haupttextes Zufügungen in eckigen Klammern [ ], im Anmerkungsteil ergeben sich schon durch die Jahresangaben der Veröffentlichungen nach 1975 sinngemäß die Ergänzungen, in wenigen Fällen wird jedoch ausdrücklich darauf hingewiesen. – In den am Ende beigefügten Literaturangaben werden in Auswahl einige Werke zum Sachbereich ›Methodik und Exegese‹ angeführt. – Abkürzungen erfolgen weithin nach S. Schwertner, IATG. Internationales Abkürzungsverzeichnis für Theologie und Grenzgebiete, Berlin/New York (1974) 1992^2.

1. Fragestellung der Exegese

Jegliche exegetische Arbeit an einem neutestamentlichen Text muß sich darüber im klaren sein, was sie erreichen will. Man kann nämlich den neutestamentlichen Schriften grundsätzlich, wie jeder schriftlichen Überlieferung, mit den verschiedensten Fragestellungen gegenübertreten, »eine Interpretation ist ... stets an einer bestimmten Fragestellung, an einem bestimmten Woraufhin orientiert«[1].

Doch darf im Zusammenhang dieser Einführung vorausgesetzt werden, daß eine Reihe von an sich möglichen und wichtigen Fragestellungen dem Anfänger in der Regel fernliegen oder überhaupt nur für Spezialisten in Frage kommen (etwa grammatische, sprachgeschichtliche, begriffsgeschichtliche Fragestellungen). Dagegen muß sich auch der Anfänger, der solche Interessen dem Text gegenüber nicht anwenden will, darüber im klaren sein, welche von zwei ihm naheliegenden Fragestellungen er bei einer bestimmten exegetischen Arbeit anwenden will. Denn folgende beiden Problemstellungen liegen dem Theologiestudenten ebenso wie dem fortgeschrittenen Exegeten angesichts des Neuen Testaments vor allem nahe:

a) Ich beabsichtige, durch wissenschaftliche Exegese dem Text zu entnehmen, was er über die geschichtlichen Umstände zur Zeit der Abfassung des Textes, über seinen Verfasser und die beabsichtigten Leser, über die geistige Welt, aus der er stammt, über die äußere oder innere Geschichte des Urchristentums usw. aussagt.

b) Ich beabsichtige, durch wissenschaftliche Exegese dem Text zu entnehmen, was er über die Sache aussagt, von der in ihm die Rede ist, und was diese Aussage für mich bedeutet.

Beide Fragestellungen sind gleichermaßen legitim, und die historisch-zeitgeschichtliche Fragestellung geht durchaus nicht nur den Geschichts-

---

1. *R. Bultmann*, Das Problem der Hermeneutik, ZThK 47, 1950, S. 51 = R. B., Glauben und Verstehen II, Tübingen 1952 (= 1969[5]), S. 216. Der ganze Aufsatz ist sehr lesenswert. Vgl. auch *G. Ebeling*, Art. Hermeneutik, RGG[3], Bd. III, 1959, S. 258 und die in diesem Artikel gegebene Übersicht über die Geschichte des hermeneutischen Problems; aus der neueren Diskussion u. a.: *U. Schnelle*, Sachgemäße Schriftauslegung, NT 30, 1988, S. 115-131 (mit Beispielen); *G. Strecker-U. Schnelle*, Einführung in die neutestamentliche Exegese, 4., überarbeitete und erweiterte Auflage, UTB 1253, Göttingen 1994, S. 138 ff.; *F. Hahn*, Die Bedeutung der historisch-kritischen Methode für die evangelische und die katholische Exegese, MThZ 48, 1997, S. 231 ff.

forscher und Philologen an. Denn auch für den Theologen ist die Arbeit an der urchristlichen Geschichte, an der Biographie des Paulus, an den Fragen nach der Entstehung und den Zusammenhängen der neutestamentlichen Schriften usw. für das Verständnis des Urchristentums und der einzelnen neutestamentlichen Schriften durchaus unerläßlich. Auf diesen Sachverhalt muß aber hier darum besonders hingewiesen werden, weil die Einsicht in die grundsätzliche Berechtigung der *beiden* genannten Fragestellungen nicht dahin mißverstanden werden darf, als ob die Frage nach dem sachlichen Sinn eines Textes *direkt* beantwortet werden könnte. Grundlegend für alle exegetische Arbeit am Neuen Testament ist vielmehr das klare Wissen darum, daß die Frage nach dem sachlichen Sinn eines neutestamentlichen Textes ausschließlich auf dem Wege einer geschichtlichen Untersuchung des Textes beantwortet werden kann. Auch wenn ich nicht ausdrücklich nach der Grammatik, der geschichtlichen oder religionsgeschichtlichen Stellung des betreffenden Textes zu fragen beabsichtige, kann ich diesen Fragen nicht ausweichen, wenn ich die Frage nach dem sachlichen Sinn des Textes zuverlässig beantworten will. Denn der sachliche Sinn des Textes und damit seine Bedeutung für mich, kann sich mir nur erschließen, wenn ich verstanden habe, was der Text nach der Absicht seines vergangenen Verfassers seinen zunächst ins Auge gefaßten Lesern in seiner und ihrer Sprache sagen wollte. Jede Form von Sachexegese ist nur dann Auslegung des Textes selbst und nicht willkürliche Eintragung in den Text, wenn sie den geschichtlichen Sinn des Textes in seinem geschichtlichen Zusammenhang zu neuem Leben zu bringen versucht hat. Denn der antike Text ist an sich stumm und kann nur durch wissenschaftliche Bemühung bis zu einem mehr oder weniger großen Teil wieder zum Reden gebracht werden.

2. Text des Neuen Testaments, Textkritik

Ich mache nun aber für die weiteren methodischen Erörterungen die Voraussetzung, daß die Frage, die der Student an den Text zu stellen beabsichtigt, in der Regel die Frage nach dem sachlichen Sinn des Textes ist. Diese Frage kann angesichts des eben gekennzeichneten Charakters der neutestamentlichen Schriften nur durch eine stufenweise Bemühung um die Rückgewinnung der ursprünglichen Bedeutung eines Textes beantwortet werden. Voraussetzung für diese stufenweise Rückgewinnung des Textsinnes ist natürlich die Kenntnis des Textes selber in seinem ursprünglichen Wortlaut. Die Tatsache, daß wir in der Ausgabe des griechischen NT von E. *Nestle* und K. *Aland* [wie heute auch im Rückblick festzuhalten ist]²

2. Die 1963 erschienene 25. Auflage wurde bis zum Erscheinen der neubearbeiteten 26. Auflage unverändert nachgedruckt. Seitdem ist in Gebrauch: Novum Testamentum Graece post Eberhard Nestle et Erwin Nestle communiter ediderunt *Kurt Aland, Matthew Black, Carlo M. Martini, Bruce M. Metzger, Allen Wikgren.* Apparatum criticum recensuerunt et editionem novis curis elaboraverunt KURT ALAND et BARBARA ALAND una cum Instituto studiorum textus Novi Testamenti Monasteriensi (Westphalia), Deutsche Bibelstiftung Stuttgart, ²⁶1979. 78* + 779 S. Aus *W. G. Kümmels* eigener Besprechung dieser Neuausgabe in ThR, N.F. 45, 1980, S. 85-88, geht das Wesentliche hervor: »Als 1963 die 25. Auflage der üblicherweise einfach ›der Nestle‹ genannten Ausgabe des griechischen Neuen Testaments erschien, deren Text Eberhard Nestle 1898 durch eine streng mechanische Abstimmung unter den damals vorhandenen wissenschaftlichen Textausgaben gestaltet und der sein Sohn Erwin Nestle seit der 13. Auflage von 1927 einen vorzüglichen Apparat beigefügt hatte, waren in diesem Apparat die Lesarten der seit den 30er Jahren bekannt gewordenen zahlreichen Papyri eingearbeitet, der Text aber war nur an ganz wenigen Stellen geändert worden. Inzwischen hatte K. *Aland*, seit der 21. Auflage von 1952 Mitherausgeber, mit einer großen Zahl von Mitarbeitern im ›Institut für neutestamentliche Textforschung‹ (Münster) begonnen, die gesamte Textüberlieferung anhand der Handschriften oder ihrer Photographien neu zu registrieren, und so wurde bereits in der genannten 25. Auflage eine ›Neubearbeitung‹ angekündigt, die nun vorliegt. Es handelt sich in der Tat um eine völlige Neubearbeitung, was der an den bisherigen ›Nestle‹ gewohnte Benutzer schon anhand des leicht vergrößerten Formats und des völligen Neusatzes mit anderen Lettern bemerken wird. Freilich ist der Text der neuen Auflage nicht erst für diese Ausgabe festgelegt worden, er entspricht vielmehr dem Text des griechischen Neuen Testaments, den die auf dem Titelblatt des neuen ›Nestle‹ genannten fünf Fachleute für das von den großen Bibelgesellschaften herausgegebene ›Greek New Testament‹ durch Mehrheitsbeschluß festgelegt hatten und zu dem *B. M. Metzger* einen begründenden Kommentar verfaßte (vgl. zu beidem ThR N.F. 38, 1974, 163 f.). Der Druck dieses Textes ist gut zu lesen, alttestamentliche Zitate sind kursiv – nicht mehr im Fettdruck – gesetzt, die Sinnabsätze und der stichische Druck sind (auch gegenüber dem Greek NT) stark vermehrt, was alles nur begrüßt werden kann. Der gegenüber dem bisherigen ›Nestle‹ stark erweiterte Apparat ist dagegen etwas völlig Neues. Nicht nur sind alle Angaben über die Lesarten der Handschriften, Übersetzungen und Kirchenväter nicht aus früheren Ausgaben des griechischen Neuen Testa-

einen zuverlässigen und weithin anerkannten Durchschnittstext zur Verfügung haben, darf nicht zu der falschen Meinung verführen, der »Nestle«-Text könne ohne weiteres als der Urtext hingenommen werden. Der Student muß sich vielmehr über zwei Tatbestände im klaren sein.

ments übernommen, sondern direkt aus den Handschriften oder deren Photographien bzw. aus den neuesten kritischen Textausgaben, womit selbstverständlich eine erheblich vergrößerte Zuverlässigkeit der Angaben und auch, wie Stichproben zeigen, mehrfach Abweichungen von den bisherigen Angaben gegeben sind –, auch das ganze System der Lesartennotierung ist anders geworden. Zwar sind erfreulicherweise die genialen Zeichen Nestles zur Kennzeichnung der Variantenart übernommen und nur unwesentlich ergänzt worden, ebenso sind auch die Handschriftenbezeichnungen im wesentlichen dieselben geblieben. Verschwunden aber sind die beiden Sammelbezeichnungen 𝔥 und 𝔎 (für den sog. ›ägyptischen‹ und den sog. ›Koine‹-Text); für 𝔥 gibt es keinen Ersatz, weil sich unter diesem Sammelbegriff oftmals eine zu Unrecht so gekennzeichnete Minderheit verbarg; die unter dieser Sammelbezeichnung zusammengefaßten Handschriften werden jetzt einzeln angeführt, und das ist gut so; statt 𝔎 findet man jetzt das Siglum 𝔐 = Mehrheitstext, und ob das ein Fortschritt ist, bezweifle ich. Sehr wichtig aber ist, daß für alle nicht nur von vereinzelten Zeugen vertretenen Lesarten jetzt auch die Zeugen *für* den Text geboten werden, und das bedeutet, daß der Benutzer die Zeugen für die Textlesart nicht mehr erschließen muß, sondern immer klar vor sich hat, und das ist ein großer Vorteil des neuen Apparats. Völlig neu bearbeitet sind auch die Angaben am Rand des Textes über Parallelen im Alten Testament, den außerkanonischen jüdischen Schriften und dem Neuen Testament selbst zu den einzelnen Versen des Textes; dementsprechend ist auch der diese Angaben registrierende Anhang stark erweitert (wobei dankenswerterweise bei denjenigen alttestamentlichen Schriften, deren Zählung im hebräischen und griechischen Text variiert, diese Differenzen jeweils zu Beginn der betreffenden Liste zusammengestellt sind, eine Zugabe, die unnötiges Suchen verhindert). Zwei neue Anhänge bieten ein vollständiges Verzeichnis der für den Apparat benutzten griechischen und lateinischen Handschriften mit der Angabe ihres Inhaltes bzw. ihrer Lücken und eine Liste der Abweichungen des Textes dieser 26. Auflage von allen anderen kritischen Textausgaben seit 100 Jahren (die Stellen, an denen sich der Text der 26. Auflage von dem der 25. unterscheidet, sind überdies im Apparat durch ein besonderes Zeichen gekennzeichnet.« (S. 85 f.).
Inzwischen liegt seit 1993 eine 27. Ausgabe des Nestle-Aland vor, deren Text mit der 26. Auflage übereinstimmt, aber in den textkritischen Angaben gründlich überarbeitet und weitergestaltet wurde. Die gegenwärtige Ausgabe: Nestle-Aland, Novum Testamentum Graece. Post Eberhard Nestle et Erwin Nestle editione vicesima septima revisa communiter ediderunt *Barbara et Kurt Aland, Johannes Karavidopoulos, Carlo M. Martini, Bruce M. Metzger*. Ap-

a) Der Text der Ausgabe von Nestle ist zustande gekommen durch die mechanische Herstellung eines Durchschnittstextes aus den am Ende des 19. Jahrhunderts in Gebrauch befindlichen wissenschaftlichen Textausgaben. Und wenn auch dieser Text [seit der 17. Auflage] an einigen Stellen entgegen diesen Prinzipien verändert worden ist (z.B. Joh 1,21), so gibt dieser mechanisch geschaffene Text keineswegs überall die textkritischen Meinungen seiner Herausgeber wieder. Der Nestle-Text beansprucht gar nicht, immer der richtige Text zu sein.

b) Zur zweckentsprechenden Benutzung des Nestle-Textes muß vielmehr der textkritische Apparat immer wieder eingesehen werden, und darum muß sich der Anfänger möglichst bald mit Hilfe der Einleitung zur Nestle-Ausgabe eine Kenntnis der textkritischen Zeichen und der wichtigsten Handschriftenbezeichnungen erwerben. Freilich genügt die Fähigkeit, den Apparat lesen zu können, noch nicht, um den Wert der Bezeugung einer Lesart beurteilen zu können, dazu muß man etwas von der Textgeschichte und den wichtigsten Regeln für die textkritischen Entscheidungen wissen. Wer keine Möglichkeit hat, in einer Vorlesung oder Übung die Grundzüge der neutestamentlichen Textkritik kennenzulernen, sollte daher unbedingt möglichst früh eine kürzere Darstellung der Textkritik sorgfältig durcharbeiten[3]. Die Anwendung der so erworbenen text-

paratum criticum novis curis elaboverunt Barbara et Kurt Aland una cum Instituto Studiorum Textus Novi Testamenti Monasterii Westphaliae. 27. Rev. Aufl., 5. korr. Druck, Stuttgart 1998.
Weiter ist eine griechisch-lateinische Ausgabe des Nestle-Aland sehr zu empfehlen: *Nestle-Aland*, Novum Testamentum Graece et Latine, Stuttgart 1997 [= Griech. Text: 27. Aufl. 1993; lat. Text: Nova Vulgata, Editio typica altera 1986]. – Eine griechisch-deutsche Ausgabe sollte während des Studiums nicht benutzt werden (zu einzelnen Angaben und weiteren Ausgaben vgl. auch »Bericht der Hermann Kunst-Stiftung zur Förderung der neutestamentlichen Textforschung für die Jahre 1995 bis 1998«, Münster/Westfalen 1998, S. 76 ff., dort auch Hinweise auf die im Erscheinen begriffene Ausgabe: Novum Testamentum Graecum. Editio Critica Maior, Stuttgart 1997 ff. [beginnend mit Bd. IV. Die katholischen Briefe, Lfg. 1. Der Jakobusbrief]).
3. Für die Studierenden sind geeignet:
a) *K. und B. Aland*, Der Text des Neuen Testaments. Einführung in die wissenschaftlichen Ausgaben und in die Theorie wie Praxis der modernen Textkritik, Stuttgart (1982) ²1989. – *B. M. Metzger*, Der Text des Neuen Testaments. Eine Einführung in die neutestamentliche Textkritik, Stuttgart/Berlin/Köln/Mainz 1966 (ist noch immer hilfreich, besonders in der dritten englischen Ausgabe 1992 mit umfangreichen Nachträgen);
b) für kürzere Darstellung vgl. weiterhin aufschlußreich *W. G. Kümmel* (s.

kritischen Kenntnisse kann freilich nur im Zusammenhang mit der Exegese selbst geschehen, und es ist durchaus unzweckmäßig, einen zu interpretierenden Text zunächst als ganzen unabhängig von der Exegese textkritisch festlegen zu wollen, wie es gerade Anfänger gerne tun. Doch empfiehlt es sich zur Schulung des textkritischen Urteilsvermögens, bei der Exegese auch die Entscheidung für oder gegen diejenigen Varianten zu durchdenken, die der Apparat bietet, die aber für das Verständnis des Textes nicht von wesentlicher Bedeutung sind (dafür kann freilich im folgenden kein Beispiel gegeben werden).

3. Sprachliche Hilfsmittel

Der zweite unerläßliche Schritt zur Rückgewinnung der ursprünglichen Bedeutung eines Textes ist die Bemühung um ein *sprachliches* Verständnis, d.h. die richtige Übersetzung des Textes. Um einen Text übersetzen zu können, genügt die Kenntnis der »Vokabeln« nicht, die freilich eine selbstverständliche Voraussetzung ist. Wer einen nicht von vorneherein seinem Wortlaut nach eindeutig verständlichen Text des NT (ein solcher Text wäre z.B. Mk 15,26) übersetzen will, muß über zwei Dinge Bescheid wissen: über die *Bedeutungsmöglichkeiten* der nicht eindeutigen Wörter und über die *grammatischen Möglichkeiten* der begegnenden Konstruktionen. Daraus ergibt sich, daß für die Erarbeitung der richtigen Übersetzung ein Wörterbuch und eine Grammatik unerläßlich sind. Da das von den Verfassern der neutestamentlichen Schriften gebrauchte Griechisch nicht mehr das klassische, sondern eine Spielart des hellenistischen Griechisch

Anm. 7), § 38; *H. Zimmermann*, Neutestamentliche Methodenlehre. Darstellung der historisch-kritischen Methode, 7. Auflage. Neubearbeitet von *K. Kliesch*, Stuttgart 1982, S. 28-76; *G. Strecker-U. Schnelle*, Einführung (s. Anm. 1), S. 27-44; *Th. Söding*, Wege der Schriftauslegung. Methodenbuch zum Neuen Testament. Unter Mitarbeit von *Chr. Münch*, Freiburg/Basel/Wien, 1998, S. 86-101; *M. Müller* in: J. Roloff, Neues Testament. Neukirchener Arbeitsbücher, Neukirchen-Vluyn 1999[7], § 1: Textkritik, S. 1-22. – Nützlich ist es auch, bei allen textkritisch strittigen Stellen den Kommentar zum Greek New Testament (A Textual Commentary on the Greek New Testament by *B. M. Metzger*, London/New York 1971) heranzuziehen.

ist, muß man sich immer wieder vergewissern, ob sich im Gebrauch eines Wortes und in den grammatischen Regeln an diesem oder jenem Punkte vom klassischen zum hellenistischen Griechisch eine Wandlung vollzogen hat oder nicht. Da nun für die Erkenntis solcher Wandlungen und für die Information über die möglichen Bedeutungen eines Wortes eine Übersicht über das Vorkommen der verschiedenen Wortbedeutungen und über die verschiedenen in der Forschung vorgeschlagenen Übersetzungen notwendig ist, kann vor der Benutzung von an sich guten Schulwörterbüchern oder gar von Taschenwörterbüchern, »Schlüsseln« und dergleichen nur dringend gewarnt werden. Einen umfassenden Einblick in den gesamten Sprachgebrauch des klassischen und hellenistischen Griechisch bietet das in englischer Sprache verfaßte Wörterbuch von *Liddell/ Scott;* aber eine so umfassende Information ist im Normalfall nicht notwendig, und das Wörterbuch, das allen normalen Anforderungen genügt (und das der Student womöglich besitzen sollte), ist das von *W. Bauer – K. u. B. Aland* [4]. Der Anfänger sollte es sich zur Regel machen, alle Vokabeln, deren Sinn nicht völlig eindeutig ist, in Bauer-Alands Wörterbuch nachzuschlagen und sich u. U. durch die dort genannten anderen Textstellen oder durch die Literaturangaben weiterführen zu lassen, wenn es sich als nützlich empfiehlt (auch das Nachschlagen von dort genannten Parallelstellen bei den Apostolischen Vätern oder in der frühjüdischen oder profanen Literatur ist gegebenenfalls sehr hilfreich). Auch grammatische Fragen, die sich bei der Übersetzung stellen, besonders was die Syntax anbetrifft, kann die Schulgrammatik nicht ausreichend beantworten. Das beste Hilfsmittel, das freilich mehr nachgeschlagen als gelesen werden will, ist die »Grammatik des neutestamentlichen Griechisch« von *F. Blass/ A. Debrunner/F. Rehkopf* (1976[14]; spätere Auflagen sind *sachlich* unverändert); sehr lehrreich und gut zu lesen ist auch das kürzere Buch von *C. F. D. Moule*[5]. Mit diesen Hilfsmitteln kann man eine vorläufige Über-

---

4. *H. G. Liddell / R. Scott / H. S. Jones,* A Greek-English Lexicon, 2 Bände, Oxford 1940, A Supplement, ed. by *E. A. Barber,* 1968; *W. Bauer,* Griechisch-deutsches Wörterbuch zu den Schriften des Neuen Testaments und der frühchristlichen Literatur, 6., völlig neu bearbeitete Auflage im Institut für neutestamentliche Textforschung/Münster unter besonderer Mitwirkung von *V. Reichmann,* hrsg. v. *K. u. B. Aland,* Berlin/New York 1988 (dazu lehrreich *G. Strecker,* Walter Bauers Wörterbuch zum Neuen Testament in neuer Auflage, ThLZ 116, 1991, S. 81-92).
5. *F. Blass/A. Debrunner,* Grammatik des neutestamentlichen Griechisch. Bearb. v. *F. Rehkopf,* 14., völlig neubearbeitete und erweiterte Auflage, Göttingen 1976[14] (17., durchges. Aufl. 1990); *C. F. D. Moule,* An Idiom Book of New

setzung erarbeiten, die freilich erst durch die eigentliche exegetische Besinnung gesichert werden muß. Natürlich können moderne wissenschaftliche Übersetzungen (in Kommentaren oder selbständig veröffentlicht[6]) an sich zur Kontrolle der eigenen Übersetzung dienen, doch ist von ihrem Gebrauch vor Beendigung der eigenen Exegese dringend abzuraten, weil man es sonst leicht unterläßt, sich den Satzbau und die verschiedenen Möglichkeiten der Übersetzung wirklich klar zu machen, und allzu leicht übersieht, wie unsicher bei diesem oder jenem Text die Übersetzung ist.

4. Einleitungsfragen

Will man einen Text in seinem ursprünglichen Sinn verstehen, so muß man auch die Entstehungsverhältnisse der betreffenden Schrift kennen. Diese Kenntnis kann nur gewonnen werden durch die Untersuchung der Schrift selber und aller sonstigen Zeugnisse über diese Schrift und ihren Verfasser. Aber so sehr es wünschenswert ist, daß der Student eine solche Untersuchung an einem Einzelproblem im Verlauf seines Studiums einmal durchführt, etwa in einer Seminararbeit, so unmöglich ist es, diese Frage nach den Entstehungsverhältnissen in jedem Fall selber zu untersuchen, und es ist darum in der Regel ein weiterer vorbereitender Schritt zur Interpretation eines neutestamentlichen Textes, daß man sich über die sog. »Einleitungsfragen« der in Frage kommenden Schrift anhand der Literatur informiert. Dafür gibt es drei Möglichkeiten:

a) Man liest die Einleitung zu einem wissenschaftlichen Kommentar zu der betreffenden Schrift; dazu ist zu sagen, daß nur *umfangreichere* Einleitungen diesen Zweck erfüllen (also etwa nicht diejenigen im NTDeutsch), daß nicht alle Kommentare Einleitungen haben, die diese Fragen behandeln, und daß die Einleitungen *älterer* Kommentare diesen

Testament Greek, Cambridge 1959[2] (Paperback); *L. Rydbeck*, Art. Bibel III.3. Sprache des Neuen Testaments, RGG[4] Bd. 1, 1998, S. 1424-1426.
6. Besonders zu empfehlen ist: Das Neue Testament übersetzt und kommentiert von *U. Wilckens*, Zürich/Hamburg 1970 (1991[8]); Das Neue Testament übersetzt von *F. Stier*, hg. v. *E. Beck*, *G. Miller* und *E. Sitarz*, Düsseldorf/München 1989.

Dienst nicht mehr tun können, auch wenn deren Exegese noch ihren Wert behalten hat.

b) Man liest die Artikel über die betreffende Schrift in den großen Nachschlagewerken (RGG[4], EKL[3]; LThK[3]; TRE s.u. S. 126f., die oftmals sehr umfassend sind und gute Bibliographien bieten; doch reichen diese Artikel nicht in allen Fällen aus, um die geschichtlichen Probleme zu übersehen.

c) Man liest den betreffenden Abschnitt in einem Lehrbuch der »Einleitung in das NT« durch[7] und läßt sich gegebenenfalls durch die bibliographischen Angaben zu Spezialarbeiten führen. Wichtig ist dabei nicht, daß man über alle für die betreffende Schrift in Frage kommenden Probleme Bescheid weiß, sondern daß man sich darüber klar wird, in welchen geschichtlichen Zusammenhang der zu interpretierende Text gehört und welche Vorgeschichte er gehabt hat. Gerade hier ist es freilich wichtig, daß man sich darüber klar bleibt, was man mit einiger Sicherheit wissen *kann* und was nicht, damit die Auslegung des Textes nicht bloße Vermutungen als sichere Tatbestände verwertet.

---

7. In Betracht kommen vornehmlich die umfangreicheren Lehrbücher: *W. G. Kümmel*, Einleitung in das Neue Testament, 21., erneut ergänzte Auflage, Heidelberg 1983; *U. Schnelle*, Einleitung in das Neue Testament, UTB 1830, Göttingen (1994) 1999[3]; *P. Vielhauer*, Geschichte der urchristlichen Literatur. Einleitung in das Neue Testament, die Apokryphen und die Apostolischen Väter, Berlin/New York 1975 (Nachdrucke; dazu *W. G. Kümmel*, ThLZ 102, 1977, S. 879-884); Kath. Standardwerke sind: *A. Wikenhauser-J. Schmid*, Einleitung in das Neue Testament, Sechste, völlig neu bearbeitete Auflage, Freiburg/Basel/Wien 1973; *I. Broer*, Einleitung in das Neue Testament I, NEB E 2/1, Würzburg 1998. – Aus den kürzeren Darstellungen vgl. *E. Lohse*, Die Entstehung des Neuen Testaments, ThW 4, Stuttgart/Berlin/Köln/Mainz (1972) 1990[5]; *W. Marxsen*, Einleitung in das Neue Testament, Gütersloh 1978[4]; *E. Schweizer*, Theologische Einleitung in das Neue Testament, GNT 2, Göttingen 1989; *J. Roloff*, Einführung in das Neue Testament, Stuttgart 1995.

5. Aufgabe der Exegese

Hat man sich auf diese Weise eine vorläufige Kenntnis der handschriftlichen Überlieferung, der Übersetzungsprobleme und der geschichtlichen Problematik eines Textes angeeignet, so kann man sich der eigentlichen Exegese zuwenden. Hier ist nun der Ort, an dem die zu Beginn genannte Entscheidungsfrage klar beantwortet werden muß: Was will ich mit meiner Exegese erreichen? Denn je nach dem angestrebten Ziel werde ich mein Interesse auf die Fragen nach der Entstehung und den geschichtlichen Zusammenhängen einer Schrift, auf die biographischen oder im engeren Sinn geschichtliche Fragen, auf die religionsgeschichtliche oder die eigentlich theologische Fragestellung vor allem konzentrieren. Und nur aus Raumgründen soll hier auch im weiteren nur von der Absicht ausgegangen werden, den sachlichen Sinn eines Textes durch seine Interpretation herauszufinden und damit auch in die in dem Text angerührten theologischen Probleme Einsicht zu gewinnen. Die methodischen Überlegungen gelten bei anderer Zielsetzung der exegetischen Untersuchung in analoger Weise.

Wenn wir mit der Frage nach dem sachlichen Gehalt des Textes an einen neutestamentlichen Text herangehen, so ist noch eine methodisch wesentliche Unterscheidung innerhalb des NT zu machen.

a) Für den größeren Teil der neutestamentlichen Schriften besteht die wesentliche Aufgabe darin, die Aussagen des Verfassers der betreffenden Schrift auf ihren Sinn zu befragen und die Aussagen der einzelnen Textstelle in den Zusammenhang der betreffenden Schrift oder des betreffenden Schriftkorpus hineinzustellen. Wo wir wissen, daß eine literarische Beziehung zwischen uns vorliegenden Texten besteht (etwa zwischen Kol und Eph oder Jud und 2Petr), da kann die Berücksichtigung dieser Beziehung bei der Auslegung des abhängigen Teils nur dazu dienen, die Besonderheit der Aussage in ihrer Abweichung von der Vorlage besser zu verstehen.

b) Anders liegt es bei den Synoptikern. Hier sind methodisch drei bis vier Schritte notwendig, wenn wir den Sinn des Textes ganz erfassen wollen, jedenfalls überall dort, wo Jesusworte oder Berichte über Jesus vorliegen (anders etwa bei den nur für den jeweiligen Evangelisten kennzeichnenden Texten Lk 1,1-4 oder Mt 28,16-20).

1) Zunächst finden wir uns dem Text im Zusammenhang und in der For-

mulierung des Evangelisten gegenüber und haben danach zu fragen, was der Evangelist im Zusammenhang seines Evangeliums mit einem bestimmten Textabschnitt sagen will. D.h. die Fragen nach dem Wortlaut, der richtigen Übersetzung usw. stellen sich selbstverständlich zunächst gegenüber dem Evangelium, wie es uns vorliegt bzw. textkritisch gesichert werden kann.

2) Auch wenn die Erklärung eines synoptischen Textes im Kontext des betreffenden Evangeliums nicht auf Fragen führt, die sich aus *diesem* Zusammenhang nicht beantworten lassen, können wir bei Matthäus und Lukas nicht von der Tatsache absehen, daß sie einen großen Teil ihres Stoffes mit Markus gemeinsam und einen weiteren Teil miteinander gemeinsam haben. Freilich ist die Lösung der Synoptischen Frage sehr umstritten, aber gerade hier zeigt sich die Notwendigkeit, sich über die Einleitungsfragen im Zusammenhang eines zu interpretierenden Textes zum mindesten hypothetisch und in großen Zügen im klaren zu sein, wenn man einen synoptischen Text in ausreichendem Maße interpretieren will. Auch wenn man die von mir im Folgenden vorausgesetzte Zweiquellentheorie[8] nicht anerkennt, muß man den literarischen Zusammenhang zwischen den Synoptikern irgendwie zu erklären versuchen und diese Erklärung bei der Exegese berücksichtigen. Die zweite Stufe der exegetischen Aufgabe ist hier also die Rückfrage nach der vorhandenen oder hinter zwei Evangelien zu erschließenden Quelle, die die Gestalt des uns vorliegenden Textes bis zu einem gewissen Maße verständlich macht.

In Zusammenfassung der hier unter 1) und 2) genannten Fragestellungen ist nach dem zweiten Weltkrieg die »redaktionsgeschichtliche Methode« in der Synoptikerforschung aufgekommen, die heute sowohl die Kommentare wie vor allem die monographische Literatur und die Aufsätze zu den einzelnen synoptischen Evangelien, aber auch zu einzelnen Textabschnitten weitgehend beherrscht[9]. Die Frage nach der Besonderheit der literari-

---

8. Siehe die Begründung für diese Anschauung und die Aufzählung anderer Lösungen der synoptischen Frage bei *W. G. Kümmel* (s. Anm. 7), § 5, ähnlich *I. Broer* (s. Anm. 7), § 4.
9. Übersichten über die redaktionsgeschichtliche Forschung bieten: *J. Rohde*, Die redaktionsgeschichtliche Methode. Einführung und Sichtung des Forschungsstandes, Hamburg 1966; *H. Zimmermann* (s. Anm. 3), S. 214 ff.; *N. Perrin*, What is Redaction Criticism?, London 1970; *R. H. Stein*, Studies on Redaction Criticism of the Synoptic Gospels, Grand Rapids 1991; *O. Merk*, Art. Redaktionsgeschichte/Redaktionskritik II. Neues Testament, TRE 28, 1997, S. 378-384; *Th. Söding*, Wege der Schriftauslegung (s. Anm. 3), S. 208 ff.

schen und theologischen Absicht des jeweiligen Evangelisten darf nun keineswegs vernachlässigt werden, wenn man die Aussageabsicht des Evangelisten in einem bestimmten Textabschnitt verstehen will. Und wo die von einem Evangelisten bearbeitete Vorlage bekannt ist oder durch Vergleichung begründetermaßen vermutet werden kann, wie bei Matthäus und Lukas im Verhältnis zu Markus oder bei dem gemeinsamen Stoff von Matthäus und Lukas, hat solche Fragestellung einen einigermaßen sicheren Anhaltspunkt, während die redaktionsgeschichtliche Fragestellung gegenüber dem Markusevangelium oder bei dem Sondergut der einzelnen Evangelisten weithin auf bloßen Vermutungen beruhen muß. So wichtig darum auch für den Anfänger die Berücksichtigung der redaktionsgeschichtlichen Fragestellung bei der Auslegung eines synoptischen Textes ist, so sehr ist doch hier kritische Vorsicht anzuraten, wenn man der Gefahr entgehen will, den Texten mehr zu entnehmen, als sie mit Sicherheit aussagen.

3) Hinter der vorhandenen oder zu erschließenden literarischen Quelle aber liegt die mündliche Überlieferung, der die glaubende Gemeinde ihre Form gegeben hat. Diese Erkenntnis der formgeschichtlichen Schule[10] ist heute allgemein anerkannt, auch wenn daraus sehr verschiedene Folgerungen gezogen werden. Die Exegese sollte aber auf keinen Fall nur die theologische Deutung einer Überlieferung im Zusammenhang eines Evangeliums zu erkennen, sondern bis zu der Form der Überlieferung vorzudringen suchen, die der Evangelist aufgenommen hat. Und diese Form liegt je nach dem entweder direkt hinter dem uns erhaltenen Text (so bei Markus oder dem Sondergut von Matthäus und Lukas) oder hinter der

---

10. Die drei grundlegenden Werke zur Formgeschichte der Synoptiker sind: *M. Dibelius*, Die Formgeschichte des Evangeliums, 1933² (= Tübingen 1971⁶ mit Nachtrag von *G. Iber*); *R. Bultmann*, Die Geschichte der synoptischen Tradition, FRLANT, N.F. 12, 1931² (= Göttingen 1995¹⁰ mit einem Nachwort von *Gerd Theißen* [S. 409-452]: »Der Überblick über die Forschung zur synoptischen Tradition seit *R. Bultmann* erlaubt m. E. die Feststellung: Auch an der Schwelle zum 21. Jahrhundert bleibt die ›Geschichte der synoptischen Tradition‹ ein klassisches Werk der neutestamentlichen Wissenschaft« [S. 451]); *K. L. Schmidt*, Der Rahmen der Geschichte Jesu, 1919 (Darmstadt 1964²; Nachdruck 1969). Auch wer keines dieser Bücher ganz durcharbeiten kann, sollte sich über die Grundeinsichten der Formgeschichte etwa durch die Auswahl einschlägiger Beiträge bei *F. Hahn* (Hg.), Zur Formgeschichte des Evangeliums, WdF 81, Darmstadt 1985, informieren; dazu *F. Hahn*, Die Formgeschichte des Evangeliums. Voraussetzungen, Ausbau und Tragweite, ebd., S. 427-477.

aus Matthäus und Lukas zu erschließenden Überlieferung der Redenquelle.

4) Ob es Aufgabe des Exegeten ist, noch einen Schritt weiter zurückzugehen und nach der Form des Jesuswortes oder des Berichtes zu fragen, die in die Geschichte Jesu zurückreicht, bzw. darüber zu entscheiden, *ob* das Wort oder der Bericht in die Geschichte Jesu zurückgeht, ist umstritten. Wer (wie der Verfasser dieses Aufsatzes[11]) diese Frage bejaht, wird es als letzten und entscheidenden Teil der Interpretationsaufgabe eines synoptischen Textes ansehen, auch nach dem Sinn und der Form des Wortes oder Berichtes in seiner ältesten erreichbaren Gestalt und ihrem Zusammenhang mit der Verkündigung und dem Wirken Jesu zu fragen.

6. Hilfsmittel der Exegese

Erfordern die synoptischen Texte teilweise eine andere exegetische Methode als die übrigen neutestamentlichen Texte, so ist, abgesehen davon, die Art der exegetischen Arbeit für alle Texte dieselbe. Das methodische Ideal der Interpretation eines Textes ist es, ihn als Bestandteil einer ganzen Schrift und darum jeweils eine ganze Schrift zu interpretieren. Obwohl es dringend zu wünschen ist, daß jeder Student einzelne Schriften des NT als ganze exegetisch durcharbeitet, läßt sich dieses Ideal durchaus nicht immer durchführen. Doch müssen, auch wenn man nur einen Abschnitt ei-

---

11. Eine kurze Begründung in meinem Aufsatz »Das Problem des geschichtlichen Jesus in der gegenwärtigen Forschungslage« in dem Sammelband *W. G. K.*, Heilsgeschehen und Geschichte, [Bd. 1], MThS 3, Marburg 1965, S. 392 ff. Vgl. auch meine Abhandlung: Jesu Antwort an Johannes den Täufer. Ein Beispiel zum Methodenproblem in der Jesusforschung, Wiesbaden 1974, S. 132 ff. [= Heilsgeschehen und Geschichte, Bd. 2, MThS 16, Marburg 1978, S. 177 ff.]; *K. Kertelge* (Hg.), Rückfrage nach Jesus, QD 63, Freiburg/Basel/Wien 1974 (dort bes. *F. Hahn*, Methodologische Überlegungen zur Rückfrage nach Jesus, S. 11-77). Aus der Fülle der weiteren Diskussion sei nur angeführt: *G. Theißen/D. Winter*, Die Kriterienfrage in der Jesusforschung. Vom Differenzkriterium zum Plausibilitätskriterium NTOA 34, Freiburg (Schweiz)/Göttingen 1997.

ner Schrift exegetisch bearbeiten will, folgende zwei Voraussetzungen streng beachtet werden:

a) Die Abgrenzung eines Textabschnitts nach beiden Seiten muß sorgfältig überlegt werden (die Abgrenzung der kirchlichen »Perikopen« ist oft sehr fragwürdig!), weil auch der einzelne Satz oder Gedanke nur im Zusammenhang seines näheren Kontexts verständlich gemacht werden kann.

b) Deshalb muß der weitere Kontext eines zu interpretierenden Textabschnitts mit ins Auge gefaßt werden, damit man den Sinn des Einzelgedankens im Gedankenzusammenhang erkennt und von da aus die Abgrenzung des Abschnitts richtig vornehmen kann. Freilich darf nicht als Postulat vorausgesetzt werden, daß jeder in einem Kontext überlieferte Satz seinem Kontext wirklich auch sachlich eingeordnet werden könne; wenn das auch als Arbeitshypothese zu vermuten ist, so trifft es nicht immer zu, und wo sich ein Gedankengang oder eine logisch verständliche Anknüpfung nicht erkennen läßt, darf ein Zusammenhang nicht gewaltsam hergestellt werden (vgl. z. B. die Stichwortanreihung Mk 9,48-50 oder einen paränetischen Text wie Röm 12,9-21).

Schon die Abgrenzung eines Textabschnittes und die Einsicht in seinen weiteren Kontext wird der Student aber nicht ohne die Heranziehung von Kommentaren oder Spezialarbeiten vornehmen können. Darum ist eine wichtige Voraussetzung für den Beginn jeder exegetischen Arbeit die Auswahl der geeigneten exegetischen Hilfsmittel. Hier ist nun vor einem doppelten Irrtum zu warnen. Einerseits neigen manche Anfänger dazu, möglichst viele Kommentare heranzuziehen, zumal wenn sie ihnen in einer Seminarbibliothek ohne weiteres zugänglich sind, und sie werden dann leicht durch die Fülle der sich widersprechenden Meinungen verwirrt oder gar abgestoßen. Andere Anfänger begnügen sich dagegen mit der Benutzung *eines* ihnen als gut bekannten oder empfohlenen Kommentars und bekommen so keine ausreichende Einsicht in die Vielseitigkeit der Probleme. Aber so sehr für die eigentlich wissenschaftliche Arbeit eine möglichst umfassende Literaturbenutzung notwendig ist, so ist für den Studierenden zunächst nur die Benutzung von zwei bis drei verschiedenartigen Kommentaren zu empfehlen. Für die Auswahl dieser Kommentare läßt sich keine feste Regel geben. Der Student sollte sich bald mit den charakteristischen Besonderheiten der großen Kommentarreihen vertraut machen, damit er weiß, wo er am ehesten diese oder jene Auskunft erwarten kann; doch gehören keineswegs alle wichtigen Kommentare einer der Reihen an, und man muß sich darum immer in einem der neuesten Kommentare oder Lehrbücher der Einleitung in das NT darüber unterrichten, welche Kommentare es gibt. Die Auswahl wird dann durch die Empfehlung in Vorlesungen oder durch erfahrenere Kommilitonen oder auch durch eigene probeweise Lektüre geleitet werden müssen. Freilich darf man nicht meinen, exegetische Hilfe nur in den Kommentaren zu der betreffenden Schrift finden zu können; denn oft enthalten Spezialarbeiten oder Aufsätze mindestens so ausführliche und hilfreiche exegetische Ausführungen, und man wird sich durch die Angaben in einem neueren Kommentar, durch die Angaben in Bauer-Alands Wörterbuch, dem Theologischen Wörterbuch zum NT, dem ›Exegetischen Wörterbuch zum Neuen Testament‹ oder in einem Artikel der Nachschlagewerke zu solchen Spezialarbeiten führen lassen.

Damit ist aber schon gesagt, daß nicht nur Kommentare, sondern auch Spezialarbeiten zur Exegese eines Textes herangezogen werden müssen und können, wenn der Gegenstand es erfordert. Genügen im allgemeinen die Kommentare für die Einordnung und Gliederung des Textes und für die Lösung der exegetischen Einzelprobleme, so verlangt das Verständnis der wichtigeren Begriffe und ihres gedanklichen Zusammenhangs eine Information über die Begriffsgeschichte oder größere religionsgeschichtliche oder theologische Zusammenhänge. Zur Lösung solcher Fragen ist das wichtigste und unentbehrliche Hilfsmittel eine *Konkordanz*. Während für Spezialarbeiten vollständige Konkordanzen notwendig sind[12], genügt für die meisten Arbeiten die Handkonkordanz von *O. Schmoller*[13], ein Buch,

---

12. *C. H. Bruder*, Tamieion … sive Concordantiae omnium vocum Novi Testamenti Graeci, Göttingen 1913[7]; *W. F. Moulton / A. S. Geden*, A Concordance to the Greek Testament, According to the Texts of Westcott and Hort, Tischendorf and the English Revisors, Edinburgh (1897) [5]1978 (und weitere Nachdrucke). Maßgebend jetzt *K. Aland* (Hg.), Vollständige Konkordanz zum griechischen Neuen Testament unter Zugrundelegung aller modernen Textausgaben und des Textus Receptus, Berlin/New York, Bd. I, 1983; Bd. II, 1978 (Spezialübersichten). – Als Spezialkonkordanz im Erscheinen sei verwiesen auf: Synoptic Concordance. A Greek Concordance to the First Three Gospels in Synoptic Arrangement, statistically evaluated, including occurrences in Acts. Griechische Konkordanz zu den ersten drei Evangelien in synoptischer Darstellung, statistisch ausgewertet, mit Berücksichtigung der Apostelgeschichte, ed. by/ hg. von *Paul Hoffmann, Thomas Hieke, Ulrich Bauer*, Volume 1 Introduction – Einführung Α-Δ, Berlin/New York 1999.
13. *O. Schmoller* (Hg.), Handkonkordanz zum griechischen Neuen Testament, Stuttgart 1968[14] ders., Handkonkordanz zum griechischen Neuen Testament. Verkleinerte Neuausgabe auf der Grundlage von Nestle-Aland, 27. Auflage, 3. rev. Druck. Neu bearbeitet von *B. Köster*, Stuttgart 1994. Ein noch immer nützliches Hilfsmittel ist der Registerband zum katholischen »Regensburger Neuen Testament«: Deutsches Wörterbuch zum Neuen Testament, nach dem

das jeder Theologe besitzen sollte. Mit Hilfe einer Konkordanz kann man sich einen ersten Überblick über den Gebrauch eines Wortes und einer Wortgruppe innerhalb einer Schrift, in einer Schriftengruppe, bei einem Schriftsteller oder im ganzen NT verschaffen und schon daraus wesentliche Einsichten gewinnen. Will man aber diese Einsichten in ihren wirklichen geschichtlichen Zusammenhang stellen, so muß man Spezialarbeiten, vor allem das »Theologische Wörterbuch zum Neuen Testament« und das »Exegetische Wörterbuch zum Neuen Testament«[14] zu Hilfe nehmen. Die Artikel dieser Wörterbücher sind freilich an Umfang und Art sehr ungleich, und man kann daher dort nicht immer die benötigte Auskunft erhalten; doch helfen die den einzelnen Artikeln beigegebenen Literaturverzeichnisse in der Regel weiter. Es ist aber dringend anzuraten, die Artikel dieser beiden Wörterbücher nicht nur für die gerade interessierende Stelle nachzuschlagen, sondern womöglich als ganze zu lesen, da die Informationen über die religionsgeschichtlichen und begriffsgeschichtlichen Hintergründe eines Wortes oder einer Vorstellung die Ausführungen über die einzelne Stelle erst wirklich verständlich werden lassen. Über Namen und Begriffe, die nicht geistesgeschichtlichen oder theologischen Charakter tragen, gibt das Theologische Wörterbuch zum Neuen Testament aber keine Auskunft [im Unterschied zum »Exegetischen Wörterbuch zum Neuen Testament«, das jedes neutestamentliche Wort erfaßt], und zu ihrer Erklärung muß man neben den großen Nachschlagewerken die dafür zuständigen Realwörterbücher nachschlagen[15].

Mit Hilfe der angeführten Hilfsmittel beschafft man sich die nötige Information und eine Übersicht über die Probleme und die Möglichkeiten zu ihrer Lösung, so daß man nun selber an den Versuch einer Auslegung herangehen kann. Selbstverständlich ist es nicht wesentlich, daß man die

griechischen Grundtext bearbeitet von *G. Richter*, 1962, weil hier die für einen bestimmten Begriff in Betracht kommenden Stellen im vollen Wortlaut deutsch zitiert und sachlich zusammengeordnet sind.
14. Theologisches Wörterbuch zum Neuen Testament, Band I-X, Stuttgart 1933-1977, begründet von *G. Kittel*, hg. von *G. Friedrich;* Exegetisches Wörterbuch zum Neuen Testament, hg. von *H. R. Balz* und *G. Schneider*, Stuttgart/Berlin/Köln: Bd. I, 1980; Bd. II, 1981; Bd. III, 1983 (2. verbesserte Auflage 1992); Neues Bibel-Lexikon, hg. von *M. Görg* und *B. Lang*, Zürich/Düsseldorf Bd. 1, 1991; Bd. 2, 1995; Bd. 3 z. Zt. in Lfgen.
15. Etwa: Calwer Bibellexikon, Stuttgart 1989⁶; Reclams Bibellexikon. Hg. v. *K. Koch, E. Otto, J. Roloff* und *H. Schmoldt*, Stuttgart 1992⁵; vor allem: Biblisch-historisches Handwörterbuch, hg. von *B. Reicke* und *L. Rost*, Band I-IV, Göttingen 1962/1979.

in dieser methodischen Skizze gegebene *Reihenfolge* der Fragen immer einhält; es hängt von der Art des Textes ab, wie man ihn angeht. Wichtig ist nur, daß alle genannten Fragestellungen zum Zuge kommen. Und wichtig ist auch, daß man sich an allen Punkten, wo eine Entscheidung mit mehr oder weniger großer Sicherheit nicht möglich erscheint, die Tatsache nicht verschleiert, daß keine sichere oder überhaupt keine begründbare Entscheidung möglich ist, und daß es darum eine nicht geringe Zahl neutestamentlicher Texte gibt, die für die Verkündigung und in noch stärkerem Maße für dogmatische Entscheidungen keine wirklich haltbare Basis hergeben. Das Postulat, daß sich jeder Text predigen lassen *müsse*, ist aus zwei Gründen irrig.

1) Es gibt auch im Neuen Testament zahlreiche »profane« Texte, die keinerlei »Kerygma« enthalten und aus denen man nur durch allegorische Künsteleien oder durch ihre Reduktion auf ein Motto eine existentielle Anrede entnehmen kann (z. B. Mk 6,19-28; Apg 19,23-40).

2) Es gibt theologisch bedeutsame Texte, die trotz aller exegetischen Bemühung sich einer sicheren Auslegung widersetzen, und der Exeget sollte sich ebenso wie der Prediger davor hüten, sich und anderen eine Sicherheit des Verständnisses vorzutäuschen, die nicht vorhanden ist (z. B. Röm 11,25 f.32; Joh 2,1-11). Natürlich hat diese Warnung nicht die Absicht, den exegetischen Anfänger zu einem frühen Abbruch der exegetischen Arbeit zu verleiten; wohl aber gehört es zum methodischen Rüstzeug sauberer Exegese, daß sie auch um ihre Grenzen weiß und sich bescheiden lernt, wo keine andere Wahl bleibt.

Als Beispiel exegetischer Arbeit soll hier die Bearbeitung zweier Texte folgen, bei der nicht ein vollständiger Kommentar und auch nicht betont die eigene exegetische Anschauung geboten werden soll, sondern die ausdrücklich den Charakter methodischer Wegleitung trägt. Daß die besprochenen Texte auch noch andere Fragen aufgeben und daß es auch noch andere mögliche Antworten gibt als die angeführten, ist dabei vorausgesetzt.

7. Auslegung von Römer 5,1-11

Die nachfolgende Beispielexegese, bis in die gegenwärtige neutestamentliche Forschung hinein zitiert und herangezogen und nach *M. Wolter*, Rechtfertigung und zukünftiges Heil. Untersuchungen zu Röm 5,1-11, BZNW 43, Berlin/New York 1978, bis zu seiner eigenen Dissertation mit der Feststellung bedacht: »Selbständige Untersuchungen gibt es außer der kleinen Exegese von Kümmel nicht« (S. 1), behält ihren hohen methodischen Wert auch ohne Berücksichtigung des Forschungsstandes nach einem Vierteljahrhundert. – Gleichwohl aber ist es notwendig, die textkritischen Erörterungen nach *Nestle-Aland*[27] zu bieten und in Anm. 19 für die Studierenden weiterführende Literaturhinweise anzufügen.

Zur Auslegung von Röm 5,1-11 wähle ich die drei Kommentare von *O. Michel*, *E. Käsemann* und *O. Kuss*, weil wir in diesen Kommentaren eine traditionelle philologisch-theologische, eine moderne historisch-theologische und eine modern-katholische Betrachtungsweise zur Verfügung haben[16]. Die Einleitungsfragen sind für diesen Text nicht umstritten: der Römerbrief ist auf alle Fälle der späteste der »Hauptbriefe« des Paulus und am Ende der sog. 3. Missionsreise des Paulus geschrieben. Auch die ursprüngliche Zusammengehörigkeit von Röm 1-15 ist heute kaum umstritten. Wir können also von der Voraussetzung ausgehen, daß Röm 5,1-11 als Bestandteil des Gedankengangs von Röm 1-15 zu verstehen ist[17]. Die meisten Kommentatoren sind sich auch darüber einig, daß die Durch-

---

16. *O. Michel*, Kritisch-exegetischer Kommentar über das NT, begründet von *H. A. W. Meyer*, Göttingen 1963[12] (= 1966[13]; = 1978[14]); *E. Käsemann*, Handbuch zum NT, Tübingen 1974[3] (= 1980[4]); *O. Kuss*, Der Römerbrief übersetzt und erklärt, 1. Lfg., Regensburg 1957. Die Auswahl nach dem Gesichtspunkt methodischer oder theologischer Verschiedenheit besagt nicht, daß andere neuere Kommentare weniger wertvoll sind. Siehe die Verzeichnisse der Kommentare bei *W. G. Kümmel* (s. Anm. 7), 493. 592; *U. Schnelle*, Einleitung (s. Anm. 7), S. 123.
17. Bestehen Zweifel über die ursprüngliche Zugehörigkeit eines Textes zu seinem überlieferten Zusammenhang (so etwa nach verbreiteter Anschauung in den Korintherbriefen und im Philipperbrief [und auch im Römerbrief, vgl. *W. Schmithals*, Der Römerbrief. Ein Kommentar, Gütersloh 1988]), so muß der Exeget sich eine Meinung zu bilden versuchen, in welchen ursprünglichen Zusammenhang der Text gehört bzw. ob überhaupt noch ein ursprünglicher Zusammenhang zu erschließen ist. Auf alle Fälle muß sich der Ausleger darüber im klaren sein, ob er den Text als Bestandteil eines überlieferten oder eines vermuteten Zusammenhangs oder ohne einen erkennbaren Zusammenhang interpretieren will.

führung des Themas Röm 1,16.17 (die Gerechtigkeit Gottes ist für den Glaubenden im Evangelium offenbart) mit 4,25 zunächst abgeschlossen wird; einige Forscher wollen freilich 5,1-11 noch zum bisherigen Gedankengang ziehen und andere erst mit 6,1 den neuen Gedanken beginnen lassen[18]. Aber *Michel* zeigt überzeugend, daß nach dem bekenntnisartigen Abschluß 4,23-25 der Gedankengang in 5,1 neu einsetzt: Kap. 5-8 behandeln das neue Leben aus Gott *aufgrund* der Offenbarung der Gerechtigkeit im Evangelium. Damit ist gegeben, daß der Abschnitt 5,1-11 zwar die Ausführungen von 1,16-4,25 voraussetzt, aber einen neuen Gedanken einführen wird. Auch die Abgrenzung des Abschnitts nach hinten ist nicht fraglich: mit 5,12 setzt ein anderer Gedanke ein (die Gewißheit der endgültigen Lebens- und Gerechtigkeitsgabe ist sicherer als die sichere Erwartung des Todes). 5,1-11 kann darum als klar abgegrenzter Abschnitt für sich interpretiert werden.

Ein Überblick über den Abschnitt zeigt, daß drei Gedanken aufeinander folgen: V. 1-5 redet vom Frieden mit Gott, der Hoffnung auf Herrlichkeit und der dadurch gekennzeichneten Lage des Christen; V. 6-8 weisen auf den Tod Jesu als Begründung dieser Lage hin; V. 9-11 verbinden beide Gedanken: durch den Tod Jesu ist unsere eschatologische Heilshoffnung eine sichere Hoffnung geworden (vgl. vor allem *Michel*). Diese Feststellung der Reihenfolge der einzelnen Gedanken und damit die Unterteilung eines zu interpretierenden Abschnitts ist wichtig, weil nur so der innere Zusammenhang der miteinander verknüpften Einzelgedanken erkannt und für die Exegese fruchtbar gemacht werden kann.

Der erste Unterabschnitt V. 1-5 verbindet drei Aussagen: a) als Gerechtfertigte haben wir Frieden mit Gott und den Zugang zur Gnade; b) daraus ergibt sich das Rühmen in der Bedrängnis aufgrund der Hoffnung; c) diese Hoffnung empfängt ihre Kraft aus dem uns geschenkten Geist. Die erste Aussage muß, da sie mit οὖν an das Vorhergehende angeknüpft ist, ihren sachlichen Grund im Vorhergehenden haben: die in 3,21-4,25 beschriebene, den Glaubenden geschenkte Rechtfertigung ist der Grund für die Feststellung: εἰρήνην ἔχομεν. Diese Lesart von Nestle-Aland[25] ist, wie das Zeichen • im Apparat zeigt [vgl. Nestle-Aland[25], S. 6* mit ausdrücklichem Bezug auf Röm 5,1], erst seit der 17. Auflage entgegen den mechanischen Prinzipien der Ausgabe in den Text aufgenommen worden, weil die Mehrheit der Kommentatoren diese Lesart als die ursprünglichste ansieht. Aber *Kuß* verteidigt noch (mit anderen) die früher im Nestle-Text stehende Lesart ἔχωμεν. [So auch *E. Dinkler*, EIRENE. Der urchristliche Friedens-

---

18. Siehe die Namen bei *W. G. Kümmel* (s. Anm. 7), § 19,1.

gedanke (1973) in: *O. Merk* und *M. Wolter* (Hg.), Im Zeichen des Kreuzes. Aufsätze von Erich Dinkler …, BZNW 61, Berlin/New York 1992, S. 263 ff., bes. 288 ff.]. Da sich je nach der textkritischen Entscheidung ein sehr verschiedener *sachlicher* Sinn ergibt, ist hier die textkritische Entscheidung die erste Aufgabe des Interpreten. Der Blick in den Apparat von Nestle-Aland²⁷ zeigt [ʳ-χωμεν ℵ* B* C D K L 33.81.630.1175.1739*pm lat bo; Mcion^T ¦ txt ℵ¹ B² F G P Ψ 0220^vid.104.365.1241.1505.1506. 1739^c.1881.2464.l 846 pm vg^mss], daß der Konjunktiv wesentlich besser bezeugt ist; der Indikativ findet sich, wenn man die späteren Korrektoren des *Codex Vaticanus* und des *Codex Sinaiticus*, die späte Majuskel P und einige Minuskeln als textkritisch unwesentlich beiseite läßt, nur wahrscheinlich in einem Fragment des 4. Jahrhunderts (0220), in der späten Majuskel Ψ und der sahidischen Übersetzung (diese Zeugen gehören zum früher sog. »ägyptischen« Text) einerseits, in der zum früher sog. »westlichen« Text gehörenden späten Majuskel G *(Codex Boernerianus)* und vielleicht einer späten lateinischen Handschrift andererseits. Die Lesart fehlt also fast völlig in den besten Zeugen des früher sog. »ägyptischen« *und* des früher sog. »westlichen« Textes. Nach den Regeln der Textkritik müßte der Konjunktiv daher als Urtext angesehen werden (diese Lesart ist besser bezeugt, da sie sich in dem im allgemeinen besseren sog. »ägyptischen« Text und auch bei den meisten Zeugen des sog. »westlichen« Textes findet). Aber versucht man, diese Lesart zu interpretieren, so ergibt sich die Aufforderung, Friede mit Gott zu halten (oder herzustellen?) durch die Vermittlung Jesu Christi. Bleibt schon unklar, was in diesem Fall ἔχωμεν wirklich heißt, so paßt diese Aufforderung keineswegs zu der Fortsetzung V. 2, die den Zugang zu Gottes Gnade als erhaltene Gabe beschreibt. Soweit führt eine Betrachtung des unmittelbaren Textzusammenhangs. Da nun die schwach bezeugte Lesart immerhin als alte Lesart in beiden alten Textformen begegnet (auch der Codex G gibt einen älteren Text wieder), wird man ihre Richtigkeit nachzuprüfen suchen durch Untersuchung des paulinischen Sprachgebrauchs von εἰρήνη. Da die drei von uns benutzten Kommentare nicht weiterhelfen[19], schlagen wir die

---

19. Aus methodischen Gründen wird hier grundsätzlich auf die Heranziehung weiterer Kommentare verzichtet, was an sich durchaus möglich und in vielen Fällen hilfreich ist. Diese begründete Entscheidung ist im Hinblick auf eigenständiges Weiterarbeiten an dem Abschnitt nach einem Vierteljahrhundert (vgl. Vorbemerkung zu Römer 5,1-11) durch Verweis auf drei weitere sehr differente Positionen zu unterstreichen: *U. Wilckens*, Der Brief an die Römer I, EKK VI/1, Zürich/Einsiedeln/Köln/Neukirchen-Vluyn (1978) 1992³; *J. D. G. Dunn*, Romans, Vol. 1, WBC 38A, Dallas/Tex. 1988 (mit ausdrücklichem Ver-

Handkonkordanz von *Schmoller* auf [20]. Sie lehrt uns, daß Paulus εἰρήνη zwar auch vom Verhältnis der Menschen zueinander gebrauchen kann, daß aber überall dort, wo εἰρήνη die Beziehung des Menschen zu Gott beschreibt, Gott als der Urheber der εἰρήνη erscheint. Zur Bestätigung dieses Überblicks über den paulinischen Sprachgebrauch ziehen wir den Artikel εἰρήνη im ThWNT (so im folgenden für »Theologisches Wörterbuch zum NT«) heran (II, 414; *W. Foerster*) und finden dort den Hinweis darauf, daß im näheren Kontext Röm 5,10 davon die Rede ist, daß die Menschen Feinde Gottes waren und durch den Tod seines Sohnes von Gott mit sich versöhnt wurden. Damit dürfte klar sein, daß die schwach bezeugte Lesart ἔχομεν trotz ihrer schwachen Bezeugung im Recht sein muß (und wir können aus *Käsemann* und *Foerster* lernen, wie man sich etwa die frühe Entstehung der falschen Lesart erklären könnte). Noch eine zweite textkritische Entscheidung müssen wir treffen, ehe wir V. 1.2 endgültig übersetzen können: Gehört das bei Nestle-Aland[27] eingeklammerte τῇ πίστει in den Text oder nicht? Auch hier gehen die Kommentare auseinander; *Käsemann* verweist auf den älteren Kommentar von *Lietzmann* für die Ursprünglichkeit der Worte, die auch sehr gut bezeugt sind, aber die Frage läßt sich schwerlich sicher beantworten[21]. Doch ist das exegetisch nicht von so großem Gewicht, weil die Beteiligung des Glaubens beim Empfang der Gerechtigkeit ja in V. 1 ohnehin betont worden war.

weis auf Kümmels Exegese, S. 244); *K. Haacker*, Der Brief des Paulus an die Römer, ThHK 6, Leipzig 1999. – Zur Auslegung des Abschnitts vgl. monographisch: *M. Wolter*, Rechtfertigung und zukünftiges Heil, 1978 [s. o. Vorbemerkung zu Römer 5,1-11]. – Zu ›Rechtfertigung‹ und ›Versöhnung‹ sind die einschlägigen Artikel in ›EWNT‹ und ›TRE‹ zur weiteren Orientierung heranzuziehen. – Im Sinne des o. g. Abschnittes »3. Einleitungsfragen« sind außer den in Anm. 7 angeführten Werken zur Skizzierung des Hintergrundes der anstehenden Perikope zu nennen: *H. R. Balz*, Art. Römerbrief, TRE, Bd. 29, 1998, S. 291-311; *E. Lohse*, Summa Evangelii – zu Veranlassung und Thematik des Römerbriefes –, NAWG. PH 1993 [3], S. 89-119.
20. Es ist zu beachten, daß *Schmollers* Handkonkordanz keine einfach mechanische Liste des Vorkommens aller Vokabeln bietet, sondern schon vorsortiert (unter εἰρήνη werden z. B. bei Paulus die Briefeingänge und die Formel »der Gott des Friedens« zusammengeordnet); daraus ergibt sich, daß man einerseits aufpassen muß, ob das gesuchte Wort an einer früheren Stelle des Artikels schon für einzelne Stellen vorausgenommen ist, und daß man andererseits u. U. diese Gruppierung nachprüfen muß. Dies gilt auch für die Anm. 13 angeführte Neubearbeitung durch *B. Köster*.
21. Auch hier ist der textkritische Kommentar von *B. M. Metzger* zum Greek New Testament (s. Anm. 3 Abschn. b) lehrreich.

Immerhin muß sich der Anfänger anhand dieser beiden textkritischen Sachverhalte klar machen, daß trotz aller Fortschritte der Textkritik manche Lesarten, die auch für das *sachliche* Verständnis eines Einzeltextes grundlegend sind, nicht einwandfrei gesichert werden können.

Nach Erledigung dieser textkritischen Vorentscheidung bietet die Übersetzung von V. 1.2 keine besonderen Probleme mehr. Immerhin warnt *Käsemann* zu V. 2 davor, das καί vor τὴν προσαγωγήν zu pressen, und macht damit auf eine logische Schwierigkeit aufmerksam, die die übliche Übersetzung »durch den wir auch den Zugang haben« *(Kuß, Michel)* bietet: Christus hat nicht *neben anderen* den Zugang zur Gnade bewirkt, in der die Christen stehen. Wendet man sich zur Lösung dieser Schwierigkeit um Auskunft an *Bauer-Alands* Wörterbuch [6. Aufl.], so findet man (S. 798 unter II,6) dort die Auskunft, daß καί, mit dem Relativpronomen verbunden, dem folgenden Relativsatz größere Selbständigkeit verleiht, wofür mit Recht aus dem Römerbrief 9,24 angeführt wird, so daß man das καί in Röm 5,2 wohl überhaupt nicht oder durch »ja« übersetzen muß[22]. Paulus folgert also aus dem im Glauben erfahrenen Geschenk der Rechtfertigung, daß durch Christus für den Christen der Friede mit Gott hergestellt und der Zugang zu dieser Gnade als eine Wirklichkeit der Existenz der Glaubenden geschaffen ist[23].

Daran schließt sich aber nun in V. 2b-5 eine Abgrenzung dieser Behauptung. Paulus fügt in zunächst logisch unklarer Weise mit καί den Gedanken an: καυχώμεθα ἐπ' ἐλπίδι τῆς δόξης τοῦ θεοῦ, dem er mit der bei ihm beliebten abkürzenden Formel οὐ μόνον δέ überbietend ein weiteres »wir rühmen uns« folgen läßt. Ein Blick in die Konkordanz zeigt sofort, daß Paulus häufig wie in V. 3 das Objekt des Rühmens mit ἐν an καυχᾶσθαι anschließt. Die Verbindung von καυχᾶσθαι mit ἐπί wie in V. 2b begegnet dagegen bei Paulus (und im ganzen NT) nicht mehr. Bauer-Alands Wörterbuch (6. Aufl.) belehrt aber darüber, daß diese Verbindung im profanen Griechisch und auch im griechischen Alten Testament[24]

22. Es sei hinzugefügt, was der Student von sich aus nicht finden kann, daß *E. Haenchen* in seinem Kommentar zur Apg, Göttingen 1965[14], S. 108 Anm. 6 eine umfassende Liste solcher Stellen bietet, in der er auch Röm 5,2 anführt.
23. Ein Blick in *Blass/Debrunner/Rehkopfs* Grammatik (§ 341 und 342,2) belehrt darüber, daß ἕστηκα präsentischen Sinn hat.
24. *Bauer-Aland*, Wörterbuch[6], S. 866. Schlägt man die angeführte Stelle Ps 5,12 in der Septuaginta-Ausgabe von *Rahlfs* nach, so findet man im Text ἐν, im Apparat ἐπί, woraus zu ersehen ist, daß der Gebrauch beider Präpositionen nach καυχᾶσθαι austauschbar war. Der Besitz einer Septuaginta-Ausgabe ist

begegnet, so daß es sich in V. 2b.3 wohl nur um einen rein stilistischen Präpositionenwechsel handelt. Paulus schränkt also den »Besitz« der Gnadengabe Christi zunächst ein durch den Hinweis auf die noch ausstehende eschatologische Gottesherrlichkeit, auf deren sicheren Empfang der Christ hoffen und deren er sich darum in Hoffnung rühmen kann[25]. Dem stellt Paulus in V. 3 die sichtbare Wirklichkeit des Christen gegenüber: sie besteht in θλῖψις. Auch hier ergibt ein Blick in die Konkordanz, daß Paulus mit diesem Wort sowohl persönliche wie allgemein menschliche wie ausgesprochen christliche Bedrängnisse bezeichnen kann, so daß man den Begriff hier wohl sehr allgemein fassen muß (vgl. *Kuß*). Aber diese Bedrängnis, in der sich jeder Christ befindet, ist dem Paulus kein Grund zur Klage, sondern zur Freude, weil aus θλῖψις Standhalten, Bewährung und eine nicht enttäuschende Hoffnung erwächst. Die Kommentare zeigen, daß Paulus hier die rhetorische Form des Kettenschlusses verwendet, um die Paradoxie auszudrücken, daß den Christen gerade die θλῖψις nur um so sicherer auf die kommende Herrlichkeit hoffen läßt. Um diesen Gedanken sachlich zu verstehen, wird man sich einerseits dem paulinischen Sinn von καυχᾶσθαι zuwenden und sich dafür vor allem aus dem ThWNT Belehrung schaffen (III, S. 646 ff.; *R. Bultmann;* vgl. aber auch den Exkurs von *Kuß,* S. 219 ff.), andererseits auf den Begründungssatz V. 5b achten. Zu seinem Verständnis muß sowohl klar sein, welchen Sinn die Genetivverbindung ἡ ἀγάπη τοῦ θεοῦ hat, als auch erklärt werden, was mit dem »Ausschütten der Liebe Gottes in die Herzen durch den Heiligen Geist« gemeint ist. Die Konkordanz zeigt, daß Paulus die Verbindung ἡ ἀγάπη τοῦ θεοῦ selten verwendet (noch Röm 8,39; 2Kor 13,13), aber die Parallele Röm 5,8 und die Kommentare zeigen, daß in V. 5 nur an Gottes Liebe zu uns gedacht sein kann (und an den anderen Stellen ist es ebenso). Und die Kommentare zeigen auch, daß das Bild vom Ausgießen des Heiligen Geistes alttestamentlich ist, daß Paulus dieses Bild aber hier dahin abwandelt, daß die Liebe Gottes durch den Geist in unsere Herzen ausgegossen ist, womit nur die Gewißheit der Liebe Gottes gemeint sein kann, die der Christ mit der Gabe des Geistes empfangen hat (vgl. *Michel*). Was Paulus mit dem »Geben des Heiligen Geistes« meint, läßt sich freilich

    für die Exegese des AT ebenso nützlich wie für das Verständnis der Sprache des NT; vgl. »Septuaginta id est Vetus Testamentum Graece iuxta LXX Interpretes«, edidit *A. Rahlfs*, Stuttgart 1935 (Nachdrucke); *F. Rehkopf*, Septuaginta-Vokabular, Göttingen 1989.
25. Hier ist ein Blick auf den Rand des »Nestle« angebracht, der belehrt, daß Röm 3,23 negativ von dem Verlust der δόξα die Rede ist, während Röm 8,18 ebenfalls von der Erwartung der δόξα für die eschatologische Zukunft spricht.

aus unserm Text nicht entnehmen, und hier wird deutlich, daß diese Aussage des Paulus nur verständlich werden kann, wenn man die sonstigen Aussagen des Paulus über die Gabe des Geistes an die Christen mit heranzieht. Auch hier ist ein Blick in die Konkordanz lehrreich (er führt etwa zu den Parallelen 2Kor 1,22; 5,5; 1Thess 4,8 und Röm 8,11.23; 1Kor 3,16; 6,11); aber angesichts der Tatsache, daß die πνεῦμα-Lehre die ganze paulinische Theologie durchzieht, ist es an diesem Punkte ratsam, eine zusammenfassende Darstellung der πνεῦμα-Anschauung des Paulus heranzuziehen[26]. Dann wird der Zusammenhang der Geistesgabe mit dem Glauben, mit der Taufe und mit dem Handeln des Christen deutlich werden.

Das Interesse des Paulus liegt in Röm 5,5 freilich nicht auf der Geistesgabe, sondern auf der Liebe Gottes. Denn zur Erläuterung dieses Begriffs fügt Paulus V. 6-8 an. Hier ist zunächst wieder die textkritische Frage zu erörtern, ob εἴ γε zu Beginn von V. 6 (so Nestle-Aland [25. Aufl.]) als der richtige Text anzusehen ist, da die Mehrzahl der sog. »ägyptischen« Zeugen und gute sog. »westliche« Zeugen ἔτι γάρ lesen. Der Apparat zeigt, daß die handschriftliche Überlieferung hier sehr verwickelt ist [⌜ει γε (δε sy^p) B 945 sy^p | ει γαρ γε 1852 vg^mss | εις τι γαρ D¹ F G lat; Ir^lat | txt ℵ A C D (id.sed °D²) 81.104.365.1241.1505.1506 pc; ut txt, sed °Ψ 33.1739.1881 𝔐 (sy^p)]; so wird der Anfänger sich hier an die Kommentare wenden müssen, die alle ἔτι γάρ als ursprüngliche Lesart annehmen. Freilich bleibt auch dann, wenn man sich so entscheidet, völlig unsicher, wie man zu übersetzen hat (vgl. *Kuß*), und nur das ist ganz deutlich, daß Paulus die Liebe Gottes zu uns begründet mit der Feststellung, daß Christus für uns Gottlose starb. Und V. 8 bestätigt diese Deutung. Dazwischen aber steht V. 7, der eine ausgesprochene *crux interpretum* darstellt. Denn die erste Satzhälfte behauptet, daß ein Tod zugunsten eines Gerechten kaum einmal (und damit ist eingeschlossen: zugunsten eines Ungerechten überhaupt nie) vorkommt. Die zweite Satzhälfte aber hält das Sterben zugunsten eines guten Menschen durchaus für denkbar. *Michel* übergeht diese Schwierigkeit, *Käsemann* und *Kuß* nehmen in etwas verschiedener Weise eine paulinische Selbstkorrektur an. Der Vers ist nicht wirklich sicher erklärbar, und wir können ihm nur entnehmen, daß Paulus die göttliche Liebe in V. 8 als etwas unter Menschen kaum Vorstellbares beschreiben will.

Mit V. 9 faßt Paulus die Hauptgedanken der beiden vorhergehenden

---

26. In erster Linie den Art. πνεῦμα, ThWNT VI, bes. S. 413 ff.; dort Verweis auf Darstellungen der neutestamentlichen Theologie und der Theologie des Paulus.

Abschnitte zusammen: »Wir sind durch den Tod Jesu gerechtfertigt« und leitet aus der Wirklichkeit dieser göttlichen Tat erneut die Hoffnung auf das endgültige Heil ab. Die Verbindung δικαιωθέντες ... ἐν τῷ αἵματι ist nicht ohne weiteres verständlich. Man wird darum mit Hilfe der Konkordanz den Präpositionengebrauch des Paulus im Zusammenhang mit δικαιωθῆναι und den Gebrauch von αἷμα bei Paulus prüfen und feststellen, daß Paulus auch sonst δικαιοῦν mit ἐν verbindet (Röm 3,4; 1Kor 4,4; Gal 3,11; 5,4) und damit den Sachverhalt angibt, aufgrund dessen die Rechtfertigung geschieht. Und der parallele Gebrauch von αἷμα in Röm 3,25; Kol 1,20 zeigt, daß Paulus mit αἷμα in stichwortartiger Form »das Sterben Christi für unsere Sünden« (1Kor 15,3) bezeichnet[27]. Wichtig für das Verständnis von V. 9 ist auch, daß man sich durch die Kommentare auf den bei Paulus nicht seltenen Schluß *a minori ad maius* aufmerksam machen läßt und *Michels* Hinweis auf *(Strack-) Billerbeck* folgt[28]. Ein Vergleich der paulinischen Argumentation mit dem rabbinischen Vorbild wird zeigen, daß bei Paulus keine exegetische Schlußfolgerung vorliegt, sondern ein aus der Glaubensgewißheit sich ergebendes Argument, das aus der erfahrenen Rechtfertigung die Folgerung zieht.

Diese Erfahrung der Rechtfertigung interpretiert Paulus nun noch in V. 10 f. mittels der Vorstellung von der *Versöhnung*. Um den Sinn dieser Vorstellung zu erkennen, vergleichen wir zunächst in der Konkordanz den Sprachgebrauch von καταλλάσσω und καταλλαγή, wobei sich zeigt, daß nur 2Kor 5,18 f. eine wirkliche Parallele bietet, und dann den Zusammenhang von Röm 5,9-11. Aus den Antworten auf beide Fragen ergibt sich schon, daß für Paulus das Subjekt der Versöhnung ebenso wie der damit offenbar identischen Rechtfertigung Gott ist, daß Gott die Versöhnung des Sünders bzw. des Gott feindlichen Menschen durch den

---

27. Die Befragung des ThWNT (II, S. 220; *G. Schrenk* – I, S. 173 f.; *J. Behm*) bestätigt diese Beobachtungen. – Es sei hinzugefügt, was der Student anhand der Kommentare nicht ohne weiteres finden kann, daß die Untersuchung des paulinischen Sprachgebrauchs von ἐν durch *F. Neugebauer*, In Christus. EN ΧΡΙΣΤΩΙ. Eine Untersuchung zum Paulinischen Glaubensverständnis, Göttingen 1961, S. 34 ff., bes. 43 zeigt, daß hier ein für Paulus charakteristischer Gebrauch von ἐν im Sinne einer »Umstandsbestimmung« vorliegt.
28. *(H. Strack) – P. Billerbeck*, Kommentar zum NT aus Talmud und Midrasch III, München 1926, 223 ff. Dieses Werk ist kein eigentlicher Kommentar, sondern eine umfassende Sammlung jüdischer Parallelen zu allen Vorstellungen und Sitten, die im NT jüdischer Herkunft sein könnten. Gute Registerbände ermöglichen jetzt auch, anderswo nur mit Fundort oder Tradent angeführte rabbinische Texte in diesem Werk im Wortlaut aufzufinden.

Tod Christi bewirkt und daß die Versöhnung gepredigt und angenommen werden muß und die Teilhabe am Leben des auferstandenen Christus schenkt. Wollen wir diese Gedanken genauer verstehen, so werden wir zunächst nach der Herkunft des Versöhnungsgedankens fragen. Die Kommentare helfen hier nicht weiter, aber das ThWNT (I, S. 254, *F. Büchsel*) und *(Strack-) Billerbeck* (III, S. 519). Sie zeigen, daß die Vorstellung im Frühjudentum begegnet, aber als versöhnendes Handeln oder Beten des Menschen gegenüber Gott. Und die Nachschlagewerke und Darstellungen der paulinischen Theologie[29] belehren, daß Paulus den Gedanken dahin radikal verändert hat, daß Gott selber die Versöhnung bewirkt und anbieten läßt und daß er das paradoxerweise durch die Hingabe seines Sohnes in den Tod tut (Röm 8,32). Und es ist wichtig, daß man sich in diesen Darstellungen auch darüber informieren läßt, daß Paulus diese Versöhnungstat Gottes wohl verkündet, aber keine *Erklärung* dafür versucht. Und Paulus schließt den Ring seiner Gedanken in V. 11 damit, daß er diese im Glauben angenommene Wirklichkeit der geschenkten Versöhnung als den Grund des schon 5,3 genannten Rühmens der Christen beschreibt (*Michel* verweist mit Recht auf das doppelte νῦν in V. 9 und 11): sich der Bedrängnis rühmen und sich der Versöhnung durch Gott rühmen sind dabei offenbar identisch. Ein letztes exegetisches Problem bietet dabei die Formel (wir rühmen uns) »durch unsern Herrn Jesus Christus«. Da der V. 11 abschließende Relativsatz δι' οὗ usw. Christus eindeutig als Urheber und Bewirker der Versöhnung Gottes beschreibt, scheint es hart, die unmittelbar davor stehende Formel »durch unsern Herrn Jesus Christus« auf Christus als den Vermittler des Rühmens der Christen zu beziehen. Hier hilft der Exkurs bei *Kuß*, 213 ff. weiter, der nachweist, daß Paulus diese Formel in gleicher Weise für die vergangene wie für die gegenwärtige Heilstat Gottes gebrauchen kann; denn damit ist deutlich, daß hier wohl auch gesagt sein soll, daß wir uns durch die Hilfe des himmlischen Herrn Gottes rühmen können, weil der am Kreuz gestorbene und zum himmlischen Leben auferweckte Herr uns durch seinen Geist (5,5!) die Möglichkeit des Rühmens gibt.

Wenn wir auf die hier skizzierte Weise die exegetischen Probleme, die Röm 5,1-11 uns aufgibt, zu lösen versucht haben, dürfte der Text uns so-

---

29. Etwa EKL III, Sp. 1652 f.; RGG VI³, Sp. 1371 ff.; CBL⁶, Sp. 1386 f.; *R. Bultmann*, Theologie des Neuen Testaments, Tübingen 1958³ (= 1965⁵ [= 1984⁹]), S. 285 ff.; *H. Conzelmann*, Grundriß der Theologie des NT, München 1967 [= 1987⁴], S. 231 f.; vgl. auch *Käsemann* und die dort S. 124 genannte Literatur.

weit zugänglich geworden sein, daß wir ihn nicht nur übersetzen und in seinen einzelnen Vorstellungen verstehen, sondern auch auf seine Anrede an uns befragen können.

8. Auslegung von Matthäus 12,22-37

Da es auch in der nachfolgenden Auslegung von Matthäus 12,22-37 um eine methodische, Grundlinien aufzeigende Einführung für den Anfänger geht, die nicht alle Verästelungen heutiger Synoptikerforschung nachzeichnet, bedarf es hier ebenfalls nicht des neuesten Standes der Forschungsliteratur. Wohl aber ist den Studierenden nach der Durcharbeitung des Abschnittes in dieser ›Einführung‹ dringend zu empfehlen, die in Anm. 30 unter »Ergänzung« angeführten Kommentare zur weiteren Vertiefung heranzuziehen.

Als zweites Beispiel soll das exegetische Vorgehen bei einem synoptischen Text, an Mt 12,22-37, aufgezeigt werden. Ich wähle als Kommentare zu diesem Text: *Klostermann, Schweizer, J. Schmid*, dazu als Kommentare zu Markus *Lohmeyer, Taylor, Grundmann* und zu Lukas *Klostermann, Grundmann* und *Rengstorf* [30]. An der Nennung von Kommentaren zu Markus

---

30. *E. Klostermann*, Das Matthäusevangelium, HNT 4, Tübingen 1927² (= 1971⁴); *E. Schweizer*, Das Evangelium nach Matthäus, NTD 2, Göttingen 1973 ¹³⁼¹ (= 1986¹⁶); *J. Schmid*, Das Evangelium nach Matthäus, RNT 1, Regensburg 1965⁵ (Klostermann ist rein historisch-kritisch; Schweizer radikal kritisch und radikal theologisch, Schmid katholisch-kritisch). Zu Markus: *E. Lohmeyer*, Das Evangelium nach Markus, KEK I/2, Göttingen 1937¹⁰ (= 1951¹¹ mit Ergänzungsheft von *G. Saß;* = 1967¹⁷); *V. Taylor*, The Gospel According to St. Mark, London 1952; *W. Grundmann*, Das Evangelium nach Markus, ThHK 2, Berlin 1959² (= 1971⁵; durchgehende Neuarbeitung 1977⁷ = 1989¹⁰); (Lohmeyer ist gemäßigt kritisch; Taylor konservativ; Grundmann kritisch-biblizistisch). Zu Lukas: *E. Klostermann*, Das Lukasevangelium, HNT 5, Tübingen 1929² (= 1975³); *W. Grundmann*, Das Evangelium nach Lukas, ThHK 3, Berlin 1961² (= 1969⁵); *K. H. Rengstorf*, Das Evangelium nach Lukas, NTD 3, Göttingen 1962⁹ = 1972¹⁵ (Klostermann ist rein historisch-kritisch, Grundmann kritisch-biblizistisch, Rengstorf konservativ).
Ergänzung: *J. Gnilka*, Das Matthäusevangelium, 1. Teil, HThK I/1, Freiburg/Basel/Wien 1986 (= 1993³); *U. Luz*, Das Evangelium nach Matthäus. 2. Teilband Mt 8-17, EKK I/2, Zürich/Braunschweig/Neukirchen-Vluyn 1990

und Lukas zeigt sich sofort die Notwendigkeit, bei allen synoptischen Texten, die in einem der beiden oder in beiden andern Synoptikern Parallelen haben, auch diese Parallelen mit heranzuziehen. Bei der Auslegung eines synoptischen Textes ist daher grundsätzlich eine Synopse zugrunde zu legen[31] und in jedem Fall die Frage zu prüfen, ob synoptische Parallelen vorhanden sind und ob sie zum Verständnis des zu interpretierenden Textes beitragen können.

Die Abgrenzung des Abschnitts bei Matthäus ist nach beiden Seiten völlig sicher. Der vorhergehende Sammelbericht schließt mit 12,21, und die 12,22 erwähnte Dämonenheilung durch Jesus leitet die Auseinandersetzung über die hinter Jesu Wirken stehende Macht ein. Nach hinten ist der Neueinsatz in 12,38 eindeutig durch das Auftreten anderer Gesprächspartner gegeben. Und die Analyse des Abschnitts bestätigt wenigstens nach vorne diese Abgrenzung sicher. Zunächst erheben nach der staunenden Reaktion der Menge auf die Heilung Jesu die Pharisäer den Vorwurf des Dämonenbündnisses gegen Jesus V. 22-24, und Jesus antwortet darauf, indem er die Unsinnigkeit dieses Vorwurfs an Analogien nachweist V. 25f. und auf das eigene Verhalten der Gegner V. 27 und die richtige Deutung seiner Macht über die Dämonen verweist V. 28. Hier scheint die Beweisführung zu Ende zu sein, trotzdem folgt in V. 29 noch eine weitere Analogie als Argument gegen die Unsinnigkeit des Vorwurfs des Dämo-

---

(= 1996²); *W. Wiefel*, Das Evangelium nach Matthäus, ThHK 1, Leipzig 1998. Zur weiteren Orientierung sei verwiesen auf: The Gospel of Matthew and the Sayings Source Q.A. Cumulative Bibliography 1950-1995, compiled by *F. Neirynck – J. Verheyden – R. Corstjens*, Vol. 1.2, BEThL CXL-A. B), Leuven 1998, mit ausdrücklichem Hinweis auf Kümmels Auslegung (Vol. 1 [CXL-A], S. 499 f. und mit ausführlicher Bibliographie zu Mt 12,22-37 (Vol. 2 [CXL-B], S. 119*–122*); *U. Luz*, Matthäus und Q, in: Von Jesus zum Christus. Christologische Studien. Festgabe für *Paul Hoffmann* zum 65. Geburtstag, hg. von *R. Hoppe* und *U. Busse*, BZNW 93, Berlin/New York 1998, S. 201-215; *O. Merk*, Die synoptische Redenquelle im Werk von Werner Georg Kümmel-Eine Bestandsaufnahme –, ebd., S. 191-200.

31. Jetzt am besten die Synopsis Quattuor Evangeliorum. Locis parallelis evangeliorum apocryphorum et patrum adhibitis, ed. *K. Aland*, Stuttgart 1964 (= 1969⁶; vgl. ›Editio quindecima revisa‹, 1996¹⁵; 2. korr. Druck, 1997), aber die Synopse von *A. Huck*, Synopse der drei ersten Evangelien, Nachdruck der unter Mitwirkung von *H. G. Opitz* von *H. Lietzmann* völlig neu bearbeiteten neunten Auflage, Tübingen 1950 (vgl. A. Huck-H. Greeven, Synopse der drei ersten Evangelien. Mit Beigabe der johanneischen Parallelen, Tübingen 1981¹³ [mit deutlichen Differenzen zur Synopse, ed. K. Aland]) ist in manchen Details hilfreich.

nenbündnisses, woraus V. 30 wohl die Anwendung ziehen soll. Damit ist nun aber endgültig die Widerlegung des Vorwurfs beendet, und das Wort von der Lästerung des Menschensohns bzw. des Heiligen Geistes V. 31 f. ist zwar mit διὰ τοῦτο angeschlossen, doch ist die beabsichtigte Folgerung keineswegs klar. Erst recht stehen die Worte vom Baum und den Früchten V. 33-35 und von der Verantwortung für böse Worte V. 36 f. nicht in einem betonten Zusammenhang mit der vorhergehenden Diskussion über das Dämonenbündnis, ohne daß vor V. 38 ein Neueinsatz erkennbar wäre (abgesehen von dem Wechsel der Gesprächspartner). Die Analyse zeigt also, daß der Abschnitt offensichtlich aus mehreren selbständigen Bestandteilen zusammengesetzt ist und daß darum keineswegs vorausgesetzt werden darf, daß der Verfasser des Matthäusevangeliums erwartet, daß der Leser einen Gedankenzusammenhang heraushören sollte. Eine Exegese, die den Text im Sinne des Evangelisten auslegen will, wird darum schon aufgrund der Analyse des Textes sich darauf beschränken, die einzelnen Bestandteile des Textes je für sich verständlich zu machen.

Ist der zu interpretierende Text nun aber nicht Sondergut, so gehört es zur Aufgabe der Exegese, auch die Parallelen ins Auge zu fassen und zu fragen, ob sie etwas zum Verständnis des Textes beitragen können; das gilt vor allem dort, wo Markus als Quelle des Matthäus und Lukas zu vermuten ist. Der zu Mt 12,22-37 parallele Text Mk 3,22-30 beginnt ohne einen Heilungsbericht mit dem Vorwurf des Dämonenbündnisses V. 22, dessen Unsinnigkeit Jesus durch dieselben Analogien wie bei Matthäus nachweist, wobei die bei Matthäus V. 29 wie ein Nachtrag wirkende Analogie des starken Mannes in Mk 3,27 lückenlos anschließt. Es folgt Mk 3,28 f. die Aussage, daß die Lästerung des Heiligen Geistes nicht vergeben wird, und hier ist die Anfügung dieses Wortes ohne weiteres verständlich, weil in V. 30 die Lästerung des Heiligen Geistes auf den Vorwurf des Dämonenbündnisses gegen Jesus bezogen wird. Damit endet bei Markus die Perikope, die Sprüche Mt 12,33-37, deren Zusammenhang mit dem Vorwurf des Dämonenbündnisses nicht eindeutig erschien, fehlen also bei Markus. Nun würde man selbstverständlich, wenn der Markustext selber auszulegen ist, danach fragen müssen, ob dieser Markustext nicht seinerseits ein zusammengesetzter Abschnitt ist. Und das ist in der Tat sehr wahrscheinlich[32], doch trägt diese Einsicht für das Verständnis des Mat-

---

32. Vgl. *Taylor, Mark*, S. 237, 240 f. Für die Analyse eines syn. Textes wird man immer auch R. Bultmanns Geschichte der syn. Tradition (in unserm Fall S. 10 ff.) und, falls der Text dort behandelt wird, M. Dibelius' Formgeschichte (in unserm Fall S. 221 f.) heranziehen (die genauen Titel oben Anm. 10). Zu

thäustextes nichts Wesentliches bei, da Matthäus offensichtlich unseren Markustext benutzt hat, der ja seinerseits einen verständlichen Zusammenhang bietet. Dagegen muß in unserm Fall auch die Lukasparallele herangezogen werden, weil ein Vergleich des Wortlauts zeigt, daß Lukas hier nicht von Markus abhängig ist, sich aber dort mit Matthäus berührt, wo Matthäus Überschüsse über Markus hat[33]. Lk 11,14-23 bietet nämlich den Abschnitt über den Vorwurf des Dämonenbündnisses nicht als Parallele zu Mk 3,22 ff. (diese Perikope läßt Lukas aus), sondern in seinem »Reisebericht« im Zusammenhang einer Reihe von Auseinandersetzungen mit den Pharisäern (vgl. *Rengstorf*); schon das läßt vermuten, daß er hier einer anderen Überlieferung folgt. Lk 11,14f. beginnt die Perikope wie bei Matthäus mit einer Dämonenaustreibung und der staunenden bzw. schmähenden Reaktion darauf. Die dann folgende Widerlegung des Vorwurfs des Dämonenbündnisses durch den Hinweis auf Analogie und auf die richtige Deutung der Dämonenheilungen V. 17-20 entspricht sprachlich nicht Markus, sondern Matthäus; die bei Matthäus wie ein Nachtrag wirkende Analogie vom starken Mann (Mt 12,29) bringt Lukas im gleichen Zusammenhang wie Matthäus, aber in anderem Wortlaut V. 21 f. und hängt wie Matthäus die nicht ganz passende Anwendung V. 23 an. Damit ist diese Perikope bei Lukas zu Ende.

Lukas bietet zwar auch zu dem Wort von der Lästerung des Menschensohns bzw. des Heiligen Geistes eine sich teilweise mit Matthäus (nicht mit Markus) berührende Parallele in 12,10, und die Sprüche vom Baum und den Früchten begegnen in 6,43-45, beides aber in ganz anderen Zusammenhängen.

Aus diesem Vergleich des Matthäus mit Lukas ergibt sich zunächst die Bestätigung der Feststellung, daß Mt 12,33-35 in der Tat aus einer anderen Überlieferung angehängt sind, und das gilt erst recht für die nur bei Matthäus begegnenden Verse 36 f. Für Mt 12,22-32 aber zeigt der Vergleich mit Markus *und* Lukas, daß Matthäus sich abwechselnd mit Markus und Lukas berührt, also höchstwahrscheinlich die bei Markus und in der Redenquelle vorhandenen Parallelfassungen der Perikope vom Vorwurf des Dä-

---

Mt 12,22 ff. vgl. ergänzend auch die knappe Analyse bei G. *Strecker*, Der Weg der Gerechtigkeit. Untersuchung zur Theologie des Matthäus, FRLANT 82, Göttingen 1971³, S. 168 Anm. 6.

33. Es ist dringend anzuraten, daß sich der Studierende durch farbiges Unterstreichen in seinem Exemplar der Synopse immer wieder selber einen Eindruck von den sprachlichen Übereinstimmungen und Abweichungen zwischen den Synoptikern verschafft.

monenbündnisses mit den daran angehängten Sprüchen kombiniert und an diese Kombination noch eine Spruchgruppe aus der Redenquelle und einen Spruch aus Sondergut angefügt hat (diese aufgrund eigener Beobachtungen in der Synopse aufgestellte Vermutung wird sich der Studierende durch die Kommentare von *Schweizer, Schmid* und *Grundmann* bestätigen lassen).

Aus dem allen ergibt sich für die Auslegung von Mt 12, 22-37 eine doppelte Folgerung:

a) Wo sich zwischen den einzelnen Textbestandteilen nicht ohne weiteres ein Gedankenzusammenhang erkennen läßt, darf man ihn nicht postulieren, und die primäre Aufgabe der Auslegung eines synoptischen Textes, die Feststellung des dem übernommenen Text vom Evangelisten gegebenen Sinnes, kann in diesem Fall nur sehr vermutungsweise gelöst werden.

b) Die einzelnen Bestandteile des Abschnitts haben wir natürlich zunächst in der bei Matthäus vorliegenden Fassung zu erklären, müssen aber immer die Möglichkeit in Betracht ziehen, daß sich im Vergleich mit Markus oder Lukas eine ursprünglichere Fassung der Überlieferung erkennen läßt, die uns gegebenenfalls auch näher an den Sinn des Wortes im Munde Jesu heranführt.

Von diesen Voraussetzungen aus können wir uns nun um das Verständnis des Matthäustextes bemühen. Die einleitende Szene V. 22-24 bietet keine exegetischen Schwierigkeiten. Die Dämonenheilung wird von der Menge als möglicher Hinweis auf die Messianität Jesu gedeutet, von den Pharisäern aber auf die Hilfe des Dämonenfürsten Beelzebub zurückgeführt. Da Lk 11,14 f. im wesentlichen das Gleiche bietet, stammt diese Form der Einleitung des Streitgesprächs wohl aus der Redenquelle, und es läßt sich daraus nichts über die redaktionelle Absicht des Matthäus erkennen[34]. Die Antwort Jesu beginnt V. 25.26 mit den beiden Analogien vom Königreich und von Stadt oder Haus, die bei innerer Spaltung nicht bestehen können, woraus gefolgert wird, daß das auch für das Satansreich gilt. Der Vergleich mit Matthäus und Lukas ergibt, daß Matthäus hier im ganzen der Redenquelle folgt, aber das Beispiel vom Haus aus Markus zu-

---

34. Die historischen Fragen, ob die Dämonenaustreibung, die bei Markus fehlt, die ursprüngliche Einleitung des Berichts bildet, und warum Matthäus gegen seine eigene Parallele 9,32-34 und gegen Lk 11,14 von einem blinden und stummen Kranken berichtet, sind zwar traditionsgeschichtlich wichtig, tragen aber nichts zum Verständnis des Matthäustextes bei.

gefügt hat, ohne daß dadurch eine sachliche Änderung bewirkt wäre. Um den Sinn dieser Argumentation gegen das Gespaltensein des Satansreiches zu verstehen, wird man sich über die vorausgesetzten Vorstellungen über Dämonen und Satan informieren, am besten in den Artikeln δαίμων und σατανᾶς im ThWNT[35], und man wird dort lernen, daß Jesus im Gegensatz zur jüdischen Überlieferung die Dämonenwelt konsequent dem Satan unterworfen sieht und daß er darum, im Gegensatz zu seinen Gegnern, eine Selbstbekämpfung im Satansreich nicht für denkbar hält. Jesus kennt darum nur die eine Frage, ob Gott *oder* der Satan in einem Geschehen wirksam ist, und diese streng monistische Auffassung vom satanischen Reich müssen wir kennen, um die Anknüpfung der folgenden Verse bei Matthäus zu begreifen.

Denn in Mt 12,27.28 folgen zwei Sprüche, die Matthäus nur mit Lukas gemeinsam hat, wobei nur für V. 27 die Anknüpfung ohne weiteres klar ist. Das Argument von V. 27 ist verständlich, wenn man sich durch *Klostermann* belehren läßt, daß Jesus hier von der Voraussetzung der Existenz jüdischer Exorzisten aus argumentiert und daß »eure Söhne« nichts anderes bedeutet als »eure Leute«. Der Gedankengang ist also: daß die Pharisäer die gegen Jesus erhobene Anklage nicht auch gegen die Dämonenbanner in ihren eigenen Reihen erheben, beweist die Unhaltbarkeit ihrer Anklage. Daneben stellt Matthäus aber in V. 28 nun einen Spruch, dessen Sinn Schwierigkeiten bereitet. Ein Blick in die Konkordanz zeigt, daß das Verbum φθάνειν bei den Synoptikern nur in diesem Spruch vorkommt, daher auch niemals sonst mit βασιλεία τοῦ θεοῦ verbunden erscheint. Sein Sinn kann also nur aus dem sonstigen neutestamentlichen oder profanen Sprachgebrauch entnommen werden, und in allen sonstigen neutestamentlichen Stellen (mit Ausnahme von 1Thess 4,15 = »zuvorkommen«) ist die Bedeutung »hingelangen« unzweifelhaft (Bauer-Alands Wörterbuch und die Kommentare bestätigen diese Beobachtung)[36]. Der Studierende wird also feststellen müssen, daß dieser Spruch die in der Kraft des Geistes Gottes geschehenen Dämonenbannungen Jesu als ein Gegenwärtigwerden der Gottesherrschaft bei den Hörern Jesu deutet. Und ein Blick auf die im übrigen wörtlich gleiche Parallele Lk 11,20 wird ihm zeigen, daß Lukas statt »im Geiste Gottes« bietet »mit dem Finger Gottes«, doch ist das schwerlich ein sachlicher Unterschied (vgl. *Schweizer*). Matthäus will also, ob er in dieser Einzelheit die ursprüngliche Fas-

---

35. ThWNT II, S. 1ff. und VII, S. 151ff., beides von *W. Foerster*.
36. Auch im profanen Griechisch verhält es sich nicht anders, wie man aus *Liddell-Scott* (s. Anm. 4), Sp. 1927 unter II, 2 und IV, 1 erkennen kann.

sung bietet oder nicht[37] sagen, daß Jesus in der Kraft des Geistes Gottes bei seinen Dämonenbannungen handelt (und die Konkordanz zeigt, daß Matthäus dieses Verständnis des Handelns Jesu in 3,16; 4,1; 12,18 vorbereitet hat). Behauptet also Jesus mit Mt 12,28 für seine Dämonenaustreibungen die Wirkung des göttlichen Geistes und damit eschatologische Gegenwart, so ergibt sich, daß schwerlich ursprünglich ein Zusammenhang zwischen 12,27 und 12,28 bestanden hat, weil sich aus dem Nebeneinander der beiden Sprüche die zweifellos nicht beabsichtigte Folgerung ergibt, daß auch die pharisäischen Dämonenbannungen die Gegenwart der Gottesherrschaft beweisen[38]. Es sind also offenbar in der von Matthäus und Lukas benutzten Redenquelle bereits zwei Sprüche kombiniert worden, die nicht zusammengehören, und man wird darum diesen Matthäustext nicht voll verstehen können, ohne nach der Entstehung und dem ursprünglichen Sinn der Einzelsprüche zu fragen. Diese formgeschichtliche Rückfrage aber führt weiter zu der Frage, ob die Sprüche zur ältesten Jesusüberlieferung gehören und welchen Sinn sie im Munde Jesu gehabt haben, falls sie von Jesus stammen. Der Exeget eines solchen synoptischen Textes muß sich also auch um diese formgeschichtlichen und geschichtskritischen Fragen kümmern, wenn er den Text in seinem Werden und in dem ihm vom Evangelisten schließlich gegebenen Sinn verstehen will. Die Literatur zu solchen weiteren Fragen wird der Anfänger, wenn ihm die Kommentare keine Hinweise bieten, sich aus den Literaturangaben der Lexika zu ihren Jesusartikeln suchen müssen, und er wird dann in unserm konkreten Fall finden, daß die aus dem neutestamentlichen Sprachgebrauch erschlossene Deutung von Mt 12,28 bei manchen Forschern auf Zweifel stößt, weil sie sich mit andern Aussagen Jesu über die Nähe der Gottesherrschaft stößt, und daß man deswegen auch ἔφθασεν im Sinne von »ist nahe gekommen« verstehen möchte[39]. Der Exeget wird eine solche Behauptung zu prüfen haben und sich demgemäß entscheiden müssen, ob er seine Auslegung des Matthäustextes ändern muß oder nicht.

Wenn nun in Mt 12,29 das Bild von der Überwältigung des starken Mannes als Argument gegen den Vorwurf des Dämonenbündnisses folgt,

---

37. Diese Frage ist schwerlich sicher zu entscheiden.
38. Der Anm. 32 empfohlene Blick in Bultmanns Geschichte der syn. Tradition wird diese Beobachtung bestätigen (S. 12). Vgl. auch *Schweizer*.
39. Vgl. z. B. *E. Grässer*, Das Problem der Parusieverzögerung in den synoptischen Evangelien und in der Apostelgeschichte, Berlin 1957 (= 1960²), S. 7; dagegen z. B. *W. G. Kümmel*, Verheißung und Erfüllung, Zürich 1953² (= 1956³), S. 99 f.

so wirkt das wie ein Nachtrag, wie schon die Analyse zeigte. Ein Blick auf die Markusparallele zeigt dann, daß Matthäus dem Markustext fast wörtlich folgt; aber da dasselbe Bild an dieser Stelle in anderer Fassung auch in Lk 11,21 f. begegnet, hat es offenbar auch in der Redenquelle hier gestanden, woraus sich ergibt, daß in der Redenquelle der bei Markus vorliegende ursprünglichere Zusammenhang Mk 3,26 f. durch Mt 12,27 f. par. Lk 11,19 f. erweitert ist. Es ist daher, da Matthäus in dieser Reihenfolge der Quelle folgt, überflüssig, einen von Matthäus beabsichtigten Gedankenanschluß zwischen Mt 12,28 und 12,29 zu suchen. Da eine Anwendung des Bildes vom starken Mann fehlt, muß sie erschlossen werden; da die Matthäuskommentare hier kaum Hilfe bieten, wird man sich an Kommentare zu Mk 3,27 halten (vgl. *Taylor* und *Grundmann*). Matthäus schließt, offenbar weiter im Anschluß an die Redenquelle (vgl. Lk 11,23), diesen Gedankenzusammenhang vorläufig ab mit dem Spruch: »Wer nicht mit mir ist ...« 12,30, der »vor dem Neutralbleiben warnt« *(Klostermann)*. Daß der Spruch, der irgendwie vom nötigen Anschluß an Jesus reden will, nicht ursprünglich in diesen Zusammenhang gehört, ist deutlich; und welchen genaueren Sinn Matthäus ihm geben wollte, ist auch unklar, da jede Deutung fehlt. Die Kommentare erörtern mehrere Möglichkeiten der Erklärung, aber man wird gut daran tun, sich klar zu machen, daß wir schwerlich eine Handhabe zu einer sicheren Deutung haben.

Mit neuem Einsatz folgt nun bei Matthäus ein Doppelspruch, der zunächst alle Lästerungen außer der des Geistes als vergebbar und dann eine Äußerung gegen den Menschensohn als vergebbar, eine Äußerung gegen den Heiligen Geist aber als unvergebbar bezeichnet (V. 31 f.). Sucht man den Doppelspruch im Zusammenhang des Matthäusevangeliums zu verstehen, so ist der Zusammenhang nach beiden Seiten ebenso undeutlich wie die radikal andersartige Bewertung der Ablehnung des Menschensohns und des Heiligen Geistes. Denn daß dieser Doppelspruch auf den Vorwurf des Dämonenbündnisses gegen Jesus bezogen werden solle, ist nicht gesagt und kann höchstens daraus *erschlossen* werden, daß in 12,28 von der Wirkung des Heiligen Geistes in Jesu Dämonenbannungen die Rede gewesen war; und warum in V. 32 eine Äußerung gegen den Menschensohn als vergebbar bezeichnet ist, kann man ausschließlich raten. Auch hier wird der Exeget natürlich, ehe er sich den Kommentaren zuwendet, die synoptischen Parallelen ins Auge fassen und dabei zunächst bemerken, daß Matthäus die Fassung des Spruches in Mk 3,28 f. mit der von Lk 12,10 (= Redenquelle) kombiniert; er wird aber auch bemerken, daß Matthäus die ewige Unvergebbarkeit des Redens gegen den Heiligen Geist stärker betont hat. Vor allem aber wird er bemerken, daß in Mk

3,28 f. die Unterscheidung von Menschensohn und Heiligem Geist fehlt und daß Markus diesen Spruch ausdrücklich zu dem Vorwurf des Dämonenbündnisses gegen Jesus in Beziehung setzt. Dieser Vergleich zeigt also deutlich, daß Matthäus hier bewußt komponiert hat. Ihm liegt offenbar daran, die ewige Unvergebbarkeit der Lästerung des Heiligen Geistes von der Vergebbarkeit sogar der Rede gegen den Menschensohn abzuheben. Befragt man aber zur Hilfe für das Verständnis dieser Unterscheidung die Kommentare, so begegnet man der Tatsache, daß jeder Kommentator eine andere Deutung vorträgt, weil wir in Wirklichkeit keine Handhabe zur Beantwortung dieser Frage haben[40]. Der Ausleger des Matthäus muß hier wohl oder übel zugestehen, daß der Sinn dieser beiden Verse nicht sicher aufzuklären ist, und es bleibt dann nur die Frage, ob vielleicht die in Mk 3,28 f. begegnende Fassung des Spruches ursprünglicher oder wenigstens verständlicher ist[41]. Damit führt auch hier die Exegese des Matthäus not-

40. *Klostermann* läßt die Frage unbeantwortet stehen; *Schmid* erörtert das Problem überhaupt nicht; *Schweizer* stellt mehrere Deutungsmöglichkeiten nebeneinander, ohne sich für eine zu entscheiden.
41. Natürlich wird man, wenn die für eine exegetische Arbeit normalerweise herangezogenen Kommentare in einer Einzelfrage keine oder keine befriedigende Antwort geben, auch weitere Kommentare und sonstige Literatur über Jesus, Paulus usw. einsehen. Ob es irgendeinem andern Kommentar gelungen ist, den Sinn von Mt 12,31 f. im Zusammenhang des Matthäusevangeliums wirklich aufzuhellen, ist mir sehr fraglich. Nimmt man die Ursprünglichkeit von Mk 3,28 f. an, so läßt sich die Entstehung der Fassung der Redenquelle als Ausage der christlichen Gemeinde über das verschiedene Verhalten gegenüber dem irdischen Menschensohn und dem im Geist wirksamen Auferstandenen immerhin verständlich machen. Zu der Frage nach dem höheren Alter und dem ursprünglichen Sinn der Markusfassung des Spruches findet man Hinweise im Ergänzungsheft zu Bultmanns Geschichte der syn. Tradition[4] (= R. Bultmann, Die Geschichte der synoptischen Tradition. Ergänzungsheft. Bearbeitet v. *G. Theißen* u. *Ph. Vielhauer*, Göttingen 1970[4], S. 52 f.) und in den neuesten Arbeiten zum Menschensohnproblem (*H. E. Tödt*, Der Menschensohn in der synoptischen Überlieferung, Gütersloh 1959 (= 1969³), S. 109 ff., 282 ff.; *F. Hahn*, Christologische Hoheitstitel, FRLANT 83, Göttingen 1963 (= 1974⁴), S. 299 f.; *A. J. B. Higgins*, Jesus and the Son of Man, London 1964, S. 127 ff.; *F. H. Borsch*, The Son of Man in Myth and History, London 1967, S. 315, 328); vgl. auch *C. Colpe*, Der Spruch von der Lästerung des Geistes, in: Der Ruf Jesu und die Antwort der Gemeinde, Festschr. J. Jeremias, Göttingen 1970, S. 63 ff.; ergänzend sei verwiesen auf: *W. G. Kümmel*, Jesus der Menschensohn?, SbWGF XX/3, Wiesbaden/Stuttgart 1984 (zu Mt 12,32: S. 171 Anm. 81); *A. Vögtle*, Die ›Gretchenfrage‹ des Menschensohnproblems, QD 152, Freiburg/Basel/Wien 1994 (zu Mt 12,32: S. 20); *F. Hahn*, Art. υἱός, οῦ,

wendigerweise zu der Frage nach der ältesten Überlieferung und ihrem Zusammenhang mit Jesus weiter.

Bei Matthäus folgt nun in 12,33-37 eine lockere Reihe von Sprüchen, deren Zusammenhang mit dem Vorhergehenden auch nicht ohne weiteres erkennbar ist. Die Erörterung in *Schmids* Kommentar zeigt, daß das Bild vom Baum und den Früchten V. 33 ebensogut auf Jesus angewandt werden kann (wenn die Dämonenheilungen nichts Böses sind, V. 27, kann auch ihr Urheber nicht böse sein und umgekehrt) wie auf die Pharisäer (ihre Lästerung Jesu beweist, daß sie selber böse sind, vgl. V. 34 f.). Im ersten Fall ist das ποιήσατε in V. 33 gut verständlich, dagegen findet zu V. 34 f. ein Sprung statt, da diese Verse von den Pharisäern handeln *müßten;* im zweiten Fall ist das ποιήσατε schwierig, und man muß es abschwächen zu dem Sinn »Nehmt an, der Baum ist gut ...«[42], während dann V. 33-35 einheitlich vom wahren Wesen der Pharisäer reden. Da im Zusammenhang des Matthäus eine eindeutige Entscheidung nicht möglich scheint, wird man auch hier auf die Lukasparallele 6,43-45 sehen, die am Ende der lukanischen Feldrede steht. Sie entspricht nämlich im Wortlaut (nicht ganz in der Reihenfolge) weitgehend Mt 12,33-35, hat aber den Überschuß V. 44b »Man sammelt nicht Feigen an den Dornen ...«, der auch bei Matthäus am Ende der Bergpredigt in einem ähnlichen Zusammenhang begegnet; Mt 12,34 hat dagegen den Überschuß »Ihr Schlangenbrut, wie könnt ihr schlechte (Menschen) Gutes reden?« Nun ist das Verhältnis zwischen den drei Texten Mt 12,33-35 par. Lk 6,43-45 und Mt 7,16-18.20 kaum ganz eindeutig aufzuhellen[43], aber der eben angestellte Vergleich legt doch die Vermutung nahe, daß der Überschuß in Mt 12,34a von Matthäus der Überlieferung zugefügt worden ist (s. *Klostermann* und *Bultmann*, Geschichte der syn. Tradition, 95²), und damit dürfte deutlich sein, daß Matthäus sehr wahrscheinlich V. 33 auf die Pha-

---

o hyios Sohn, Abschn. 5. »Menschensohn«, EWNT III, S. 927-935 (zu Mt 12,32: S. 930).
42. Siehe *Bauer-Aland*, Wörterbuch, S. 1368, unter e β.
43. Gut begründete Vermutungen über die Traditionsgeschichte dieses Textes findet man bei R. Bultmann, Geschichte der syn. Tradition, S. 78, 87. Findet sich in den formgeschichtlichen Arbeiten nichts Ausreichendes zur vergleichenden Analyse eines solchen Textes, so wird der Studierende sich auch in der sonstigen Jesusliteratur umsehen, und zwar in diesem konkreten Fall in Arbeiten über Gleichnisse und die ethische Forderung Jesu (etwa bei *A. Jülicher*, Die Gleichnisreden Jesu II, Tübingen 1898 (= 1910²), S. 116 ff.; *J. Jeremias*, Die Gleichnisse Jesu, Göttingen 1962⁶, S. 93; *E. Neuhäusler*, Anspruch und Antwort Gottes, Düsseldorf 1962, S. 56 f.).

risäer bezogen hat. Hier hilft also der synoptische Vergleich zu einer sichereren Deutung des Matthäustextes.

Matthäus schließt die ganze Redekomposition in V 36f. mit einem Wort über die bleibenden Folgen menschlichen Redens ab, das keine synoptische Parallele hat, also Sondergut ist. Matthäus hat dieses allgemein formulierte Wort wohl auf die Lästerung der Pharisäer gegen das Dämonenbannen Jesu bezogen, und der Kommentar von *Klostermann* verweist in diesem Zusammenhang auf *A. Jülicher*[44], der im Anschluß an andere ῥῆμα ἀργόν aufgrund einer vermuteten aramäischen Grundlage als »Schmähwort« deutet. Hier muß man aber methodisch sauber vorgehen. Da Matthäus ἀργός nur noch einmal, und zwar im Sinne von »untätig« (20,3) bringt, haben wir keine Möglichkeit, dem Evangelisten den Wortsinn »schmähend« zuzuschreiben, zumal er den Spruch zweifellos schon in griechischer Sprache übernommen hat. Man könnte also höchstens für eine vor Matthäus liegende ältere Fassung des Wortes den von *Klostermann* erwogenen Wortsinn vermuten. Da das Wort aber ganz allgemein formuliert ist, wird man auch für den vor Matthäus liegenden Sinn eine allgemeinere Bedeutung anzunehmen haben, und der Studierende kann aus *Billerbeck* I, 693 entnehmen, daß es ähnliche rabbinische Sätze gibt, und sich durch das ThWNT I, 452 (s.v. ἀργός) darauf verweisen lassen, daß ἀργός in Mt 12,36 eher in Beziehung auf V. 34 im Sinne von πονηρός = nichtsnutzig zu deuten sein wird[45]. Ob dieser Sinn in den Zusammenhang der Predigt Jesu paßt oder ob man etwa dieses Wort Jesus absprechen oder ihm hypothetisch einen andern Sinn im Munde Jesu geben soll, sind Fragen, die die Exegese nicht mehr beantworten kann, denen aber der Exeget auch nicht ausweichen darf, wenn er das Jesuswort in seiner existentiellen Bedeutung verstehen will. Auch hier führt die Exegese darum zwangsläufig zur Biblischen Theologie und damit auch zur geschichtlichen Frage nach der Anschauung Jesu, des Paulus und anderen weiter. Auf deren methodische Probleme einzugehen, ist aber nicht mehr die Aufgabe dieser methodischen Einführungshilfe für Anfänger.

---

44. Siehe *A. Jülicher* (aaO.), S. 126.
45. So auch *Schweizer*. Vgl. auch (was in den Kommentaren und Lexicis nicht verzeichnet ist): *J. Jeremias*, Neutestamentliche Theologie I, Gütersloh 1971, S. 212 Anm. 65 und *W. G. Kümmel*, Diakritik zwischen Jesus von Nazareth und dem Christusbild der Urkirche, in: ders., Heilsgeschehen und Geschichte, MThS 3, Marburg 1965, S. 386.

9. Literatur

Aus der älteren Forschung:
Knopf, R., Einführung in das Neue Testament, Bibelkunde des Neuen Testaments. Geschichte und Religion des Urchristentums, Sammlung Töpelmann 1, 2, Gießen 1919; bearbeitet von *H. Lietzmann* und *Heinrich Weinel*, ebd., 1949⁵.

Zum gegenwärtigen Stand:
Berger, K., Exegese des Neuen Testaments. Neue Wege vom Text zur Auslegung, UTB 658, Heidelberg (1977) 1991³.
Conzelmann, H.-A. Lindemann, Arbeitsbuch zum Neuen Testament, UTB 52, Tübingen (1975) 1998¹².
Egger, W., Methodenlehre zum Neuen Testament. Einführung in linguistische und historisch-kritische Methoden, Freiburg/Basel/Wien (1987) 1996⁴.
W. Fenske, Arbeitsbuch zur Exegese des Neuen Testaments. Ein Proseminar, Gütersloh 1999.
Handbook to Exegesis of the New Testament, ed. by *S. E. Porter*, NTTS 25, Leiden/New York/Köln 1997.
Lührmann, D., Auslegung des Neuen Testaments, Zürcher Grundrisse zur Bibel, Zürich (1984) 1987².
Merklein, H. und *Th. Kauth*, Exegese des Neuen Testaments, in: *J. Wohlgemuth* (Hg.), Katholische Theologie heute. Eine Einführung in das Studium, Würzburg 1990, S. 181-203.
Methoden der Evangelien-Exegese, Theologische Berichte XIII, hg. von *J. Pfammatter* und *F. Furger*, Einsiedeln/Köln 1985.
Roloff, J., Neues Testament. Unter Mitarbeit von *Markus Müller*. Neukirchener Arbeitsbücher, Neukirchen-Vluyn (1977) 1999⁷ (bes. S. 1-77).
Schreiner, J. (Hg.), Einführung in die Methoden der biblischen Exegese, Würzburg 1971.
Söding, Th., Wege der Schriftauslegung. Methodenbuch zum Neuen Testament. Unter Mitarbeit von *Chr. Münch*, Freiburg/Basel/Wien 1998 [mit Verweis auf zahlreiche weitere Veröffentlichungen über exegetische Methoden, S. 324 ff.].
Strecker, G. und *U. Schnelle*, Einführung in die neutestamentliche Exegese, UTB 1253, Göttingen (1983) 1994⁴.

Wilcke, H.-A., Das Arbeiten mit neutestamentlichen Texten. Eine Einführung in die exegetischen Methoden, Essen (1987) 1993².

Zimmermann, H., Neutestamentliche Methodenlehre. Darstellung der historisch-kritischen Methode. Neubearbeitet von *K. Kliesch*, Stuttgart (1967) 1982⁷.

Bei Abschluß des Manuskripts noch nicht erschienen, aber angezeigt:

M. Meiser, Exegese des Neuen Testaments, in: *M. Meiser* u. a., Proseminar II: Neues Testament und Kirchengeschichte, Stuttgart 2000, 15-125.

Gottfried Adam

Zur wissenschaftlichen Arbeitsweise

In diesem Beitrag geht es um eine elementare Einführung in Fragen wissenschaftlicher Arbeitstechnik. Diese will die Arbeit an den Studieninhalten unterstützen und effektiv gestalten helfen. Eine jede Arbeitstechnik steht in Beziehung zu den wissenschaftlichen Methoden, die man anwendet; diese sind ihrerseits wiederum von dem Gegenstand der Untersuchung bestimmt. Den Arbeitsverfahren kommt in bezug auf die geistige Arbeit dienende Funktion und keinerlei Selbstzweck zu. Sachgemäße Vorgehensweisen bieten bei der konkreten wissenschaftlichen Arbeit Erleichterungen und helfen vor allem Zeit sparen. Dazu muß man die verschiedenen Möglichkeiten kennen. Entsprechend der Zielsetzung dieser Veröffentlichung sind dort, wo es um spezielle Fragen (z.B. bibliographische Hilfsmittel) geht, die exegetischen Disziplinen im Blick. Im übrigen sind die vorgestellten Techniken wissenschaftlichen Arbeitens für alle theologischen Disziplinen relevant.

1. Akademische Lehrveranstaltungen

1.1 Typen von Veranstaltungen

Die Bezeichnung der Lehrveranstaltungen reicht von Vorlesung, Kolloquium, Tutorium, Repetitorium, Arbeitsgemeinschaft, Sprachkurs, kombinierte Lehrveranstaltung über Orientierungsprojekt, Theorie- und Praxisprojekt, Praktikum, Schulpraktikum, Lektürekurs bis hin zu Proseminar, Übung, Seminar, Ober- und Forschungsseminar. Am Studienanfang ist es daher sinnvoll, die am jeweiligen Hochschulort vorhandenen Angebote der Einführung und Studienberatung wahrzunehmen und sich eingehend zu informieren. Besonders ist auf die »Vorlesungskommentare« zu verweisen, die am Semesterende jeweils für das folgende Semester herausgegeben werden und zunehmend auch im Internet zugänglich sind. Die dort gebotenen Informationen geben ein differenziertes Bild über Ziele, Inhalte sowie Arbeitsformen und Anforderungen in den jeweiligen Lehrveranstaltungen.

Lehrveranstaltungen haben ihre gemeinsame Ausrichtung darin, daß sie an den theologischen Sachproblemen arbeiten und die Studierenden zu eigener theologischer Urteilsbildung befähigen wollen. Sie dienen der allgemeinen Orientierung (z.B. Einleitung in das Neue Testament), der fachspezifischen Einführung in Methoden und Grundprobleme (z.B. Proseminar) und der vertiefenden und konzentrierten Bemühung um Spezialthemen (z.B. Hauptseminar), um den Studierenden die Teilhabe am Forschungsprozeß zu ermöglichen. Von den Lehrveranstaltungstypen seien die grundlegenden Arbeitsformen der Vorlesung und des Seminars – vor allem mit Blick auf die exegetischen Disziplinen – kurz charakterisiert.

Neben den Sprachkursen, die dem Erlernen des Griechischen und Hebräischen dienen, ist das *exegetische Proseminar* als fachspezifische Einführungsveranstaltung sehr wichtig. Proseminare führen in die Grundlagen philologischer Arbeit an den biblischen Texten ein, vermitteln einen Zugang zu den verschiedenen exegetischen Methoden und führen in die »handwerklichen Kenntnisse« (wie z.B. die Benutzung exegetischer Hilfsmittel und die Anlage und konkrete Gestaltung einer Seminararbeit) ein.

Dies geschieht in der Regel an thematisch wichtigen Texten. Freilich liegt die Betonung auf dem Aspekt des Erlernens der Methoden. Beim Proseminar ist in jedem Falle eine intensive Mitarbeit im Semester erforderlich. Voraussetzung für die Teilnahme sind die jeweiligen Sprachanforderungen. Für das Zeugnis der erfolgreichen Teilnahme wird eine schriftliche Arbeit verlangt, die in der Regel einen Umfang 15-20 Seiten haben soll. Sie dient einer ersten Erprobung der erlernten wissenschaftlichen Methoden und einer ersten selbständigen Arbeit an exegetisch-theologischen Fragen.

Das *Hauptseminar* stellt die anspruchsvollste Lehrveranstaltungsform dar. Hier wird die Fähigkeit zum Umgang mit den erforderlichen Methoden vorausgesetzt. Für die exegetischen Seminare bedeutet dies den vorherigen Besuch eines einschlägigen Proseminars. Das Hauptseminar zielt auf die eingehende Beschäftigung mit einem umgrenzten Thema. Es dient dem exemplarisch vertiefenden Lernen. In diesem Zusammenhang kann mit Blick auf eine fachliche Schwerpunktbildung eine schriftliche Arbeit angefertigt werden.

Exegetische Vorlesungen sind entweder stärker auf Einführung und Überblick (orientierendes Lernen: z.B. Theologie des Alten Testaments) oder mehr auf exemplarische Vertiefung (exemplarisches Lernen: z.B. Gleichnisse Jesu) angelegt. Eine Vorlesung ist dadurch charakterisiert, daß der/die Hochschullehrer/in vorträgt und die Studierenden die Ausführungen aufnehmen. Der Vorteil dieses Lehrveranstaltungstyps besteht darin, daß man in konzentrierter Weise einen Gesamtüberblick über ein Sachgebiet bekommt, daß man Methode und Ansatz der/des vortragenden Dozentin/en gut kennenlernt und daß man in den neuesten Forschungsstand eingeführt wird. Das Problem der Vorlesung liegt darin, daß der Student bzw. die Studentin in Passivität verfallen kann und einfach »nur« zuhört. Aus diesem Grunde findet sich eine Reihe von begleitenden Einrichtungen: Diskussionsstunden, Kolloquien und Tutorien. Damit ist die Frage nach sinnvoller Mitarbeit in Lehrveranstaltungen gestellt.

1.2 Mitarbeit

Die Mitarbeit in *Vorlesungen* kann sich als Vor- oder Nachbereitung vollziehen. Letztere ist die übliche Form der Mitarbeit. Es spricht manches dafür, daß man von einer Vorlesung evtl. einen größeren Gewinn hat, wenn man sachlich vorbereitet ist. Man kann sich mit dem Gegenstand der Vorlesung bereits beschäftigen, indem man z.B. den zu behandelnden biblischen Text übersetzt, einen Kommentar durcharbeitet, einen einschlägigen Aufsatz liest oder eine wichtige Monographie parallel zur Vorlesung durcharbeitet. Bei einem solchen Vorgehen kann man dem bzw. der Vortragenden kritisch folgen und sich bei der Mitschrift auf wesentliche Punkte beschränken: die Gliederung der Vorlesung notieren, Literaturangaben festhalten, Hinweise zu zentralen Begriffen notieren etc.

Sinnvoll ist es, eine Mitte einzuhalten zwischen einem wörtlichen Stenogramm, das alle Aufmerksamkeit absorbiert, so daß der denkende Mit- und Nachvollzug schwer möglich ist, und einem Zuhören ohne Anfertigen von Notizen, wodurch für ein nochmaliges Überdenken des Gehörten als Basis nur zur Verfügung stünde, was im Gedächtnis haften geblieben ist. Im Blick auf die Anfangsphase des Studiums ist Oskar P. Spandl zuzustimmen, wenn er schreibt, »daß zunächst ein generelles Mitschreiben nicht zweckmäßig ist, es wäre zu subjektiv, zufällig und willkürlich ausgewählt. Außerdem lenkt der Versuch, möglichst viel von dem ›Neuen‹ mitzuschreiben, vom geschlossenen Aufnehmen des vorgetragenen Stoffes ab. Einzelne Niederschriften mögen zwar gelegentlich den Lernprozeß beschleunigen, aber für ein Nachlesen oder Übertragen bleibt meist keine Zeit mehr … Häufig sind die Erstmanuskripte nur ›Eintagsfliegen‹ und später nicht mehr brauchbar. Besser ist es, die Vorlesung mit Büchern zu kombinieren … Später kann ein spezifisches Manuskript wieder sinnvoller sein. Das Urteil ist geschärfter, die Auswahlkriterien sind vollkommener.«[1]

Um der Gefahr einer rein passiv-rezeptiven Haltung zu begegnen, kann man sich in gewissen Abständen in einer Arbeitsgruppe von drei bis vier Kommilitonen und Kommilitoninnen treffen, um den Vorlesungsstoff zu rekapitulieren, die im Kolleg aufgeworfenen Fragen miteinander zu diskutieren und gegebenenfalls über den Stoff des Kollegs hinausgreifende Fragen zu erörtern. Weiterhin kann man die häufig angebotenen Möglichkeiten von vorlesungsbegleitenden Veranstaltungen (gelegentliche Diskussionsstunden, regelmäßige Kolloquien oder Tutorien …) wahrnehmen. Darüber hinaus ist es eine gute Gewohnheit, zum Themenbereich einer größeren Vorlesung eine, möglicherweise zwei Monographien oder einige wichtige Abhandlungen durchzuarbeiten.

Die Mitarbeit in *Seminaren* geschieht in mündlicher und schriftlicher Form. Für letztere kommen Referat und Koreferat, Arbeitspapier und Protokoll, das Schreiben einer Klausur, der schriftliche Diskussionsbeitrag und die schriftliche Hausarbeit in Frage[2]. Im Rahmen eines Proseminars

---

1. *O. P. Spandl*, Die Organisation der wissenschaftlichen Arbeit (uni-text), Braunschweig 1971, S. 9.
2. Zu Arbeitspapier, Protokoll, Referat und Seminararbeit s. u. Kap. 4.

können zu Übungszwecken auch Aufgaben folgender Art gestellt werden: eine Bibliographie zu erstellen, einen Aufsatz zu exzerpieren, eine kritische Stellungnahme zu einer Veröffentlichung auszuarbeiten. Die mündliche Mitarbeit vollzieht sich durch die laufende Beteiligung in den Seminarsitzungen, vor allem in Form von Diskussionsbeiträgen. Darüber hinaus kommen Referat und Koreferat in Frage. Sie kann sich auch in der Diskussionsleitung (z. B. bei Gruppenarbeit) oder in einem Bericht aus einer Arbeitsgruppe an das Plenum konkretisieren.

Hinsichtlich der Zahl der Lehrveranstaltungen, die man sinnvollerweise in einem Semester belegen kann, läßt sich keine feste Stundennorm angeben. Dazu ist der Zeitaufwand je nach Art der behandelten Materie, nach Arbeitsleistung der einzelnen Person und dem Interesse am jeweiligen Thema zu unterschiedlich. Weiterhin ist die Ausgangslage je nach den vorhandenen Sprachvoraussetzungen und dem sich ergebenden Zeitaufwand für das Erlernen der Sprachen unterschiedlich. Als Faustregel mag dienen, daß man für ein Seminar zusätzlich zur Seminarsitzung wöchentlich mindestens vier Stunden für das Selbststudium anzusetzen hat. Für eine Vorlesung sollte man pro Kollegstunde ungefähr 30 bis 45 Minuten an Vorbereitungs- und/oder Nacharbeitungszeit einsetzen. Eine intensive Mitarbeit in mehr als zwei (bis drei) Seminaren im Semester dürfte, wenn man die weiteren Lehrveranstaltungen (Vorlesungen, Übungen usw.) berücksichtigt, schwerfallen.

Insgesamt gilt gerade für den Studienanfänger die Wahrheit jenes alten Wortes, daß sich in der Beschränkung erst der wahre Meister zeige. Eine intensive Mitarbeit in wenigen Lehrveranstaltungen ist ungleich besser als ein oberflächliches Studieren an vielen Stellen. Bei der Auswahl der Vorlesungen, Seminare und sonstigen Lehrveranstaltungen sollte man sich im übrigen so viel wie möglich von dem Gesichtspunkt des eigenen Interesses leiten lassen, da man erfahrungsgemäß dort, wo man eigene Interessen und Fragestellungen hat, engagiert bei der Sache ist und darum besser lernt.

2. Das Studium der Literatur

Goethes Ausspruch gegenüber seinem Gesprächspartner Eckermann vom 25. Januar 1830 ist nichts hinzuzufügen: »Die guten Leutchen ... wissen nicht, was es einem für Zeit und Mühe gekostet, lesen zu lernen. Ich habe achtzig Jahre dazu gebraucht und kann noch jetzt nicht sagen, daß ich am Ziel wäre.«[3] Lesen zu lernen ist inzwischen infolge der enorm gewachsenen Buchproduktion eher schwieriger geworden.

2.1 Lesen

Das Lesen von Texten ist für das Theologiestudium grundlegend[4]. Neben den biblischen Texten selbst sind Lehr- und Fachbücher der exegetischen sowie der übrigen theologischen Disziplinen während des Studiums und auch im späteren Beruf unentbehrliche Begleiter auf dem Weg der theologischen Aus- und Fortbildung. Auch wenn neben das gedruckte Buch zunehmend neue Informationsträger (wie Michrofiche, CD-ROM, Internet) treten, die Fähigkeit zum Lesen von Texten bleibt weiterhin erforderlich.

Im Blick auf die Beschäftigung mit Literatur kann man drei Arten von Lesen unterscheiden: diagonales Lesen, die gründliche Lektüre und ein wiederholendes Lesen. Im letzteren Falle des *wiederholenden Lesens* geht es um das erneute Lesen eines Textes, der zuvor bereits studiert worden war.

Da man im Studium aus Anlaß einer Arbeit, eines Referates usw. nicht jedes Werk und jeden Aufsatz, auf das bzw. den man stößt, einer gründlichen Lektüre unterziehen kann oder auch sollte, ist es notwendig, die Fähigkeit des *diagonalen Lesens* auszubilden. Hierbei geht es darum, Hauptinhalt, Absicht und Ergebnis einer Veröffentlichung zu ermitteln. Es geht also um den Hauptgedankengang, ohne daß man Einzelheiten und einzelne Begründungen zur Kenntnis nimmt. Bei einem solchen generellen

---

3. *J. W. von Goethe*, Gedenkausgabe der Werke, Briefe und Gespräche, hg. v. E. Beutler, Bd. XXIV, Zürich o. J. (1908), S. 709.
4. Zu diesem Abschnitt s. *W. Kröber*, Kunst und Technik der geistigen Arbeit, Heidelberg 1971[7], S. 78-82. Ferner: *R. Schräder-Naef*, Rationeller Lernen lernen. Ratschläge und Übungen für alle Wißbegierigen, Weinheim/Basel 1992[17], S. 25-43.

Überblick stellt sich dann heraus, ob ein weiteres intensives Durcharbeiten des ganzen Werkes oder einzelner Abschnitte notwendig ist oder nicht. Auch bei Seminararbeiten kommt man ohne solch diagonales Lesen nicht aus, wenn man die relevanten Arbeiten und Untersuchungen zum Thema der Arbeit herausfinden will, um sich auf diese zu konzentrieren und sich eingehender mit ihnen zu befassen. Andernfalls besteht die Gefahr, daß man in der Literatur »hoffnungslos ertrinkt«.

Bei diesem Prozeß der Materialsichtung durch diagonales Lesen wird sich eine Reihe von Veröffentlichungen herauskristallisieren, die ein *gründliches Studieren* erfordert. Hierbei empfiehlt es sich, sich zunächst über den Verfasser bzw. die Verfasserin, seine bzw. ihre sonstigen Veröffentlichungen und besonderen Arbeitsgebiete zu informieren, um sich dann dem Lesen zuzuwenden. Bei einem Buch sollte man sich Vorwort und Einleitung sehr genau ansehen, sie am besten zweimal lesen, da hier oft Aussagen über Anlaß, Methode und Absicht der Veröffentlichung zu finden sind. Bei Aufsätzen ist aus dem gleichen Grunde auf die ersten Abschnitte zu achten. Nun verschafft man sich mittels des Inhaltsverzeichnisses oder der Gliederung einen Überblick über den Aufbau der Veröffentlichung, um anschließend in die genaue Einzellektüre einzutreten. Dabei kann man sich Notizen über wichtige Sätze und Abschnitte anfertigen. Bei eigenen Büchern kann man Wesentliches unterstreichen. Es ist ratsam, am Ende von Sinnabschnitten das Gelesene rückblickend zu überdenken und evtl. den Gedankengang in wenigen Sätzen zusammenzufassen und auftauchende Fragen und kritische Gesichtspunkte zu notieren. Am Ende der Lektüre stehen das Durchdenken des Gesamtgedankenganges und der Vergleich von Absicht und Durchführung des Werkes sowie Überlegungen zu möglichen kritischen Einwänden und prinzipiellen Anfragen, um auf diese Weise zu einer abschließenden Gesamtbewertung zu kommen.

Stellt sich bei der diagonalen Lektüre heraus, daß man nur einen speziellen Abschnitt eines Aufsatzes oder eines Buches einem gründlichen Studium zu unterziehen braucht, so gilt das Gesagte sinngemäß.

2.2 Notieren und Exzerpieren

Während des Lesens oder im Anschluß daran sollte man sich in der einen oder anderen Weise Notizen machen, Auszüge anfertigen, Anstreichungen vornehmen oder auch Fotokopien anfertigen. Diese Formen der Auswertung haben verschiedene Funktionen. Einmal kann es um ein Festhalten von Aussagen im Hinblick auf den konkreten Anlaß einer Lektüre für den Zweck einer Arbeit, eines Referates usw. gehen. Zum andern kann der Gesichtspunkt darin liegen, Notizen oder Auszüge vorzunehmen, um sich zu einem späteren Zeitpunkt den Inhalt eines Aufsatzes oder eines Buches ganz oder in Teilen schnell wieder vergegenwärtigen zu können. Schließlich geht es darum, bei der Lektüre eigene Überlegungen und mögliche Anfragen festzuhalten.

Für fremde Bücher gilt als das wichtigste Gebot, niemals im Text etwas zu unter- oder anzustreichen. Bei eigenen Zeitschriftenheften oder Büchern kann man die wichtigsten Sätze anstreichen. Ein eigenes System von Lesemerkzeichen macht sich auf die Dauer bezahlt. Mit Hilfe von Farbstiften bzw. Textmarkern kann man entsprechend dem Grad der Wichtigkeit unterschiedlich unterstreichen oder markieren. Zum Beispiel: gelb – zentrale Aussagen, grün – wichtige Überschriften, orange – mögliche Zitate für die eigene Arbeit; Anstreichen am Rand: ! oder / = wichtig, !! oder // = sehr wichtig. Jede bzw. jeder wird sich hier ein eigenes System erarbeiten; allerdings sollte man sich vor einem »Zuviel« hüten.

Bei eigenen Büchern wird man keine längeren Exzerpte erstellen. Dagegen ist es ratsam, von entliehenen Büchern kürzere oder längere Notizen oder Auszüge je nach Wichtigkeit und entsprechend der Schwierigkeit, unter denen eine Veröffentlichung zu erreichen ist, anzufertigen. Notiert man sich während der Lektüre die Seiten mit den wichtigsten Ausführungen auf einem Zettel, so kann man nach Beendigung des Lesens recht leicht ein Exzerpt anfertigen. Das Verfahren bietet den Vorteil, daß man den Gesamtüberblick besitzt. Je nach Bedarf wird ein Auszug geschlossen oder auswahlweise in fortlaufender, dem Aufbau des Buches folgender Ordnung (z. B. bei der Lektüre wichtiger Werke anläßlich einer Vorlesung) oder systematischer Gliederung (Lesen unter einer bestimmten Fragestellung, die beispielsweise durch eine Arbeit oder ein Referat bedingt ist) erstellt. Eigene Zusammenfassungen von Autoren und Autorinnen sollte man sich merken, da diese für eine möglichst authentische Wiedergabe wichtig sind und sich als praktisch erweisen, wenn man sich den Inhalt eines Buches erneut vergegenwärtigen möchte.

Die heutigen Vervielfältigungsverfahren sind für das Arbeiten mit wissenschaftlicher Literatur ausgesprochen hilfreich. In den meisten Bibliotheken ermöglichen Kopiergeräte, daß man sich für den eigenen wissenschaftlichen Gebrauch preiswert Kopien von wichtigen Seiten oder Abschnitten einer Veröffentlichung anfertigen kann. Dies erspart die zeitraubende Tätigkeit des Anfertigens eines Exzerptes. Diese Möglichkeit ist besonders wichtig bei Veröffentlichungen, die nicht mehr lieferbar sind und vielleicht nur in einem Exemplar in der Bibliothek vorhanden sind. Die Kopiermöglichkeiten sind freilich verführerisch: Darum sollte man des Guten nicht zu viel tun und sich immer fragen, ob eine, nein, *diese* Kopie wirklich nötig ist.

Die Verwendung des Computers eröffnet auch hinsichtlich des Exzerpierens neue Möglichkeiten auch und gerade der Zeitersparnis. Bei Verwendung eines Note-Books kann man selbst in Bibliotheksräumen mögliche Zitate für die eigene Arbeit aufnehmen und dann unmittelbar in den Text der eigenen Arbeit übertragen, ohne das Zitat ein weiteres Mal von den schriftlichen Notizen abschreiben zu müssen.

2.3 Techniken des Sammelns und Ordnens

Wenn man aus dem konkreten Anlaß einer Seminararbeit, für die Examensarbeit, aus Interesse an einem speziellen Problem oder aus einem sonstigen Grunde Material sammelt, kommt man nicht ohne Ordnung aus. Diese wird jeweils systematisch bestimmt sein und sich an Thema und Zweck der Arbeit ausrichten.

Die *Sammlung* der Notizen und Auszüge kann in festen Heften oder auf losen Blättern erfolgen. In der Regel ist das lose Blatt dem festen Heft vorzuziehen, weil es insgesamt flexibler und vielseitiger verwendbar ist. Will man zum Beispiel eine Umordnung vornehmen, so ist das bei Verwendung eines Heftes problematisch. Auch die Ergänzung von vorhandenen Notizen macht bei Verwendung des Einzelblattes keine Schwierigkeiten. Das verwendete Papierformat wird bestimmt durch den Umfang der Notizen, die Art der Aufbewahrung und den Zweck der Sammlung. Für eine Literaturangabe wird das halbe Postkartenformat (DIN A7) genügen. Längere Exzerpte erfordern die DIN A5- oder DIN A4-Größe. Für vielerlei Zwecke ist das Postkartenformat (DIN A6) verwendbar.

Für die *Aufbewahrung von gesammeltem und geordnetem Material* bietet sich eine Fülle von Möglichkeiten an.

– Der einfache Aktendeckel ist sehr nützlich für solche Unterlagen, die man gerade benötigt (z. B. für ein Seminar oder eine Arbeit).
– Ähnliches gilt von der Klarsichttasche. Bei ihr ist auch der Inhalt sofort erkennbar.
– Der Eckspanner (Aktendeckel, der durch Gummibänder an der rechten oberen und unteren Ecke zusammengehalten wird) ist vorteilhaft, weil der Inhalt nicht herausfallen kann.

– Der Klemmhefter leidet etwas unter der umständlichen Handhabung.
– Der Aktenordner benötigt viel Platz, ist aber sehr haltbar. Mit Hilfe von beschriftbaren Trennblättern ist hier eine übersichtliche Ein- und Unterteilung zu erreichen. Auf diese Weise kann ein Ordner für verschiedene Zwecke gemeinsam verwendet werden. Ebenso praktisch ist die Verwendung von Einhängeheftern (Schnellhefter mit genormter Einhängevorrichtung für DIN A4-Ordner), wobei man für jedes Thema einen eigenen Hefter verwendet.

Zum Schluß sei noch auf die Zettelkartei, den sog. *Zettelkasten*, hingewiesen[5].Die zeitweilige Form findet bei kurzfristig realisierbaren Aufgaben (wie z.B. der Sammlung von Material für ein Referat oder eine Seminararbeit) Verwendung. Verzeichnet man beim Anfertigen einer Arbeit die benutzte Literatur auf Zetteln, so braucht man diese nur alphabetisch zu ordnen, um das Literaturverzeichnis abschriftbereit vorliegen zu haben. Die ständige Zettelkartei ist für die langfristige Benutzung gedacht. Hierbei ist genau zu prüfen, ob sich die Anlage einer Kartei wirklich lohnt. Für die Anlage einer Kartei sind folgende Verfahren praktisch:

– Am besten eignet sich für den Zettelkasten die Postkartengröße, wobei es ratsam ist, die Zettel nur einseitig zu beschreiben. Reicht ein Zettel nicht aus, so verwendet man mehrere und numeriert diese fortlaufend.
– Bei der Benutzung des Formates DIN A6 lassen sich größere Normformate leicht auf diese Karteigröße zusammenfalten und so einordnen.
– Die Kopfleiste des Zettels dient für Ordnungsangaben (Stichwort, Schlagwort etc.). Besonders sorgfältig sind die jeweiligen Fundorte zu verzeichnen, damit man später jederzeit die Originalstelle wiederfinden kann.
– Die Kartei kann nach systematischen oder alphabetischen Gesichtspunkten untergliedert werden. Durch Koppelung beider Arten kommt man zu einem Aufbau, wie ihn die Fachenzyklopädien haben (vgl. EKL^3, RGG^4).
– Die Unterteilung einer Kartei geschieht durch Leitkarten, wobei die Hauptgliederungen links und die Untergliederungen rechts ihren Platz haben.

Der Computer ist auch in Fragen des Sammelns von Notizen und Exzerpten ein nützliches Hilfsmittel. Hinsichtlich der Titelaufnahme und des Erstellens von Literaturverzeichnissen bietet er Möglichkeiten effektiver Arbeitsgestaltung dadurch, daß man Literaturangaben aus Bibliotheks-

---

5. Instruktiv sind die Ausführungen über Karteien bei: *J. E. Heyde*, Technik des wissenschaftlichen Arbeitens, Berlin 1970^{10}, S. 16-45. Vgl. ferner: *H. Kliemann*, Anleitungen zum wissenschaftlichen Arbeiten, Freiburg 1973^8, S. 15-58. Auch als Heyne-Taschenbuch erschienen unter dem Titel: *H. K.*, So erarbeitet man Vorträge und Veröffentlichungen (Kompaktwissen 22/141), München o. J. (1984), S. 54-81.

katalogen (OPACs=Online Public Access Catalogues) oder von Bibliographien auf den eigenen Computer herunterladen und dann weiter bearbeiten kann.

3. Von Bibliotheken und Bibliographien

Wer Theologie studiert, hat es von Beginn seines Studiums an mit Texten zu tun. Damit wird die Benutzung von Bibliotheken notwendig.

3.1 Bibliotheken

Es ist zunächst naheliegend, die Bestände der Seminar- bzw. Fachbereichsbibliothek am Studienort zu benutzen. Dabei sollte man nicht vergessen, daß es zumeist auch eine Universitätsbibliothek in der Nähe gibt. Gerade wenn man ein Standardwerk sucht, das im Rahmen einer Lehrveranstaltung vielseitig benutzt wird, sollte man bedenken, daß in den Lesesälen der Universitätsbibliotheken meist ein größerer Präsenzbestand mit den wichtigsten theologischen Nachschlagwerken und den grundlegenden Standardwerken der verschiedenen Fachgebiete vorhanden ist. In den Zeitschriftenlesesälen liegen die zuletzt erschienenen Hefte der von der Bibliothek abonnierten Zeitschriften auf. Durch die Benutzung der Lesesaalbestände kann man unter Umständen manche Frage rasch klären, ohne erst dieses oder jenes Buch entleihen zu müssen. Es seien auch die landeskirchlichen Bibliotheken erwähnt, von deren Existenz erfahrungsgemäß nur wenige Studierende wissen.

Die jeweilige Bibliotheksordnung gibt Auskunft über die geltenden Benutzungsregeln, vor allem auch hinsichtlich der Ausleihmöglichkeiten. Besonders sei auf die sog. Wochenendausleihe, die Möglichkeiten der *Fernleihe* sowie der Bestellung von Büchern für den *Lesesaal* hingewiesen. Es kann sein, daß man als Studienanfänger bzw. Studienanfängerin zunächst etwas orientierungslos vor den Buchbeständen der Bibliothek steht. Hier helfen die Kataloge weiter.

3.2 Kataloge

Sie dienen der Erschließung der Bibliotheksbestände. Der *Alphabetische Katalog*, auch Verfasserkatalog genannt, verzeichnet alle vorhandenen Bestände einer Bibliothek unter den Namen der Autorinnen bzw. Autoren – und zwar in alphabetischer Reihenfolge.

- Es ist zu beachten, daß *Umlaute* aufgelöst (ä zu ae, ö zu oe, ü zu ue), i und j wie ein Buchstabe behandelt und dem Familiennamen vorausgehende Bezeichnungen (z. B. von, van, von der) nicht zu diesem gerechnet werden.
- Sämtliche Publikationen einer *Verfasserin* bzw. eines *Verfassers* sind unter dem jeweiligen Namen zu finden. Da nur selbständig erschienene Veröffentlichungen verzeichnet werden, sind Aufsätze in Festschriften, Sammelwerken und Zeitschriften nicht nachgewiesen, es sei denn in einem besonderen Aufsatzkatalog. Die Schriften eines Autors werden meistens in der Weise geordnet, daß Ausgaben des Gesamtwerkes voranstehen, denen sich die Einzelveröffentlichungen in alphabetischer Reihenfolge anschließen.
- Bei *zwei oder drei Verfassern und Verfasserinnen* wird ein Werk unter dem Namen des Erstgenannten nachgewiesen und bei den anderen Mitarbeiterinnen und Mitarbeitern hierauf verwiesen.
- Ein *Herausgeber* bzw. eine *Herausgeberin* wird wie ein Verfasser bzw. Verfasserin behandelt (z. B. bei Gesang- und Gebetbüchern, Konkordanzen und Wörterbüchern).
- *Nach dem Titel* werden die Schriften von Instituten, Gesellschaften etc. sowie Sammelwerke, bei denen mehr als drei Autorinnen und Autoren mitgearbeitet haben (z. B. Festschriften), Serienwerke, Zeitschriften und Periodika (Jahrbücher usw.) eingeordnet.

Sachkataloge ergänzen den alphabetischen Katalog, indem sie die Literatur nach Wissenschaftsgebieten systematisch zusammenstellen oder nach Schlagwörtern ordnen. Die gebräuchlichsten Sachkataloge sind

- der *Systematische Katalog*, auch Realkatalog genannt, und
- der *Alphabetische Sachkatalog*, auch Schlagwortkatalog genannt.
- Darüber hinaus gibt es noch Dissertationskataloge und andere Sonderkataloge. Hier kann man bei Bedarf die Bibliotheksmitarbeiterinnen und -mitarbeiter um Rat fragen. Die Beratung der Studierenden gehört mit zu ihrem Arbeitsauftrag[6].

---

6. Weitergehende Informationen zu allen die Bibliotheksbenutzung betreffenden Fragen sind zu finden bei *U. Grund/A. Heinen*, Wie benutze ich eine Bibliothek? (UTB 1834), 2., überarb. Aufl. München 1996.

3.3 Bibliographien

Dienen Verfasser- und Sachkataloge dem Nachweis der in einer bestimmten Bibliothek vorhanden Bestände, so verzeichnen *Bibliographien*, unabhängig von einer Bibliothek, Veröffentlichungen nach bestimmten Gesichtspunkten. Der Aufbau einer Bibliographie wird durch Zweck und Inhalt derselben bestimmt und kann (a) alphabetisch nach Verfasserinnen und Verfassern, (b) systematisch nach Sachgruppen oder (c) chronologisch angelegt sein. Wichtige Fundorte für bibliographische Angaben für die exegetische Arbeit sind nachfolgend aufgeführt[7]. Dabei werden spezielle Bibliographien und relevante Standardwerke einzelner Autoren (z. B. Einleitungen) nicht aufgenommen, da sie im ersten und zweiten Beitrag dieser Veröffentlichung genannt sind.

3.3.1 Bibliographische Hilfsmittel

Biblica Vol. 1 ff., Roma 1920 ff. (Die Beilage »Elenchus bibliographicus biblicus« enthält eine jährlich erscheinende Bibliographie der Bibelwissenschaft, kath. Ab Vol. 49, 1968, erscheint der Elenchus auch selbständig als Jahresbibliographie.)

Evangelisches Kirchenlexikon. Internationale theologische Enzyklopädie, hg. v. *E. Fahlbusch u. a.*, Bd. 1-5, Göttingen, 3., völlig neu bearb. Aufl. 1985-1997. (Evangelisches Standardwerk. Zahlreiche Literaturangaben, Bd. 5: Register.)

Lexikon für Theologie und Kirche, 3., neu bearb. Aufl., hg. v. *W. Kasper*, Bd. 1 ff., Freiburg 1993 ff. (Zahlreiche Literaturnachweise. Katholisches Standardwerk.)

Theologische Realenzyklopädie, hg. v. *G. Krause* und *G. Müller*, Bd. 1 ff. und Reg.-Bde. (zu Bd. 1-17 u. Bd. 1-27), Berlin/New York 1976 ff. – Die Bde. 1-27 u. d. Reg.-Bd. zu Bd. 1-27 sind auch als kart. Studienausgabe, Berlin 1993 u. 2000, erschienen. (Ausführliche Artikel, die z. T. monographischen Charakter haben. Umfassende Literaturangaben.)

Reallexikon für Antike und Christentum. Sachwörterbuch zur Auseinandersetzung des Christentums mit der antiken Welt, hg. v. *T. Klauser*, Bd. 1 ff., Stuttgart 1950 ff. (Der Untertitel zeigt die Absicht des Werkes an. Umfassende Schrifttumsnachweise.)

---

7. Eine gute Zusammenstellung theologischer Auskunftsmittel bietet *G. Schwinge*, Wie finde ich theologische Literatur? (Orientierungshilfen 16), 3., völlig neu bearb. Aufl. Berlin 1994, S. 114-145.

Die Religion in Geschichte und Gegenwart. Handwörterbuch für Theologie und Religionswissenschaft, 3. Aufl. hg. v. *K. Galling*, Bd. 1-6 u. Reg.-Bd., Tübingen 1956-1965. – Auch als Sonderausgabe in der UTB-Große Reihe, Tübingen 1986, erschienen.
Als »Religion in Geschichte und Gegenwart« erscheint die 4., völlig neu bearbeitete Aufl., hg. v. *H. D. Betz u. a.*, Bd. 1 ff., Tübingen 1998 ff. (Evangelisches Standardwerk. Zahlreiche Literaturangaben.)
Zeitschrifteninhaltsdienst Theologie. Indices theologici, Tübingen 1975 ff. (Eine monatliche Schnellinformation durch kopierte Inhaltsverzeichnisse von ca. 400 Periodika einschl. von Jahrbüchern und Festschriften. Jahres- und Fünfjahresregister.)

3.3.2 Besprechungsorgane

Bulletin de Bibliographie Biblique, Vol. 1 ff., Lausanne 1991 ff. (Jährlich drei Hefte zu wechselnden Teilgebieten der Bibelwissenschaft.)
Internationale Zeitschriftenschau für Bibelwissenschaft und Grenzgebiete, Bd. 1 ff., Stuttgart, später: Düsseldorf 1951/52 ff. (Erscheint jährlich, verzeichnet Titel aus ca. 400 Zeitschriften, Festschriften usw., gibt Inhaltsangaben, kath.)
New Testament Abstracts. A. Record of Current Periodical Literature, Vol. 1 ff., Weston, Mass. 1956/57 ff. (Erscheint jährlich, bietet aus ca. 210 Fachzeitschriften kurze Inhaltsangaben aller Aufsätze zu Fragen des Neuen Testaments und seiner Umwelt, ohne Beurteilung. Dazu Angaben über wichtige Besprechungen und Hinweise auf Neuerscheinungen in Buch- oder Heftform. Kath.)
Theologische Literaturzeitung. Monatsschrift für das gesamte Gebiet der Theologie und Religionswissenschaft, Jg. 1 ff., Leipzig, später Berlin (Ost), jetzt wieder: Leipzig 1876 ff. (Evangelisches Rezensionsorgan, erscheint monatlich, Zeitschriftenschau, Literaturberichte, gelegentlich Personalbibliographien. 1922-1943 ergänzt durch ein Bibliographisches Beiblatt. Schwerpunkt heute: Rezensionen.)
Theologische Revue, Jg. 1 ff., Münster i. W. 1902 ff. (Kath. Rezensionsorgan, erscheint zweimonatlich, enthält Literaturberichte, Besprechungen, systematische Auswahlbibliographie einschließlich von Aufsätzen, kath.)
Theologische Rundschau, Jg. 1 ff., Tübingen 1898 ff., N.F. 1929 ff. (Vierteljährliche Erscheinungsweise, Literatur- und Forschungsberichte zu Einzelthemen, Register der besprochenen Werke; seit einigen Jahren auch Hinweise auf Sammelwerke usw. in Kurzberichten.)

Verkündigung und Forschung. Theologischer Jahresbericht, München, jetzt: Gütersloh 1941-1963 u. 1966ff. (Forschungsberichte und Sammelbesprechungen; erscheint ab Jg. 11, 1966, zweimal jährlich 11,1966 – 37,1992 als Beihefte zur Zeitschrift »Evangelische Theologie«, wobei jedes Heft geschlossen einer Disziplin gilt.)

Zeitschrift für die alttestamentliche Wissenschaft, Jg. 1ff., Gießen, später: Berlin 1881 ff. (Erscheinungsweise: viermal jährlich, bringt am Ende eine Zeitschriftenschau aus über 70 Publikationen, sowie eine Bücherschau.)

Eine Reihe anderer Zeitschriften enthält ebenfalls kürzere oder längere Buchbesprechungen: z.B. Interpretation, Journal of Biblical Literature, New Testament Studies, Revue Biblique, Revue de Qumran, Vetus Testamentum. Die Zeitschrift für die neutestamentliche Wissenschaft und die Kunde der älteren Kirche bringt in systematischer Ordnung Listen von Zeitschriftenaufsätzen.

Den Inhalt von Zeitschriften überhaupt erschließt die

Internationale Bibliographie der Zeitschriften-Literatur, aus allen Gebieten des Wissens, Osnabrück 1965ff. (Vorgänger in 3 Abt. seit 1897. – Erscheint seit 1965 in jährlich 2 Halbbänden, die aus mehreren Teilbänden bestehen. Verzeichnis der Artikel nach Schlagwörtern, Verfassern und systematischen Hauptgruppen.)

Der größere Teil der in diesem Abschnitt genannten Werke gehört beim Studieren nicht zum täglichen Handwerkzeug. Man sollte aber von der Existenz dieser Hilfsmittel wissen, um gegebenenfalls auf sie zurückgreifen zu können. Bei der Anfertigung einer Seminararbeit wird man in der Regel zunächst zum Thema der Arbeit in einem neueren Lehrbuch, Handbuch oder Kommentar nachschlagen und auf dem Wege der dort genannten Literatur den Einstieg finden und erst im Verlaufe der weiteren Bearbeitung des Themas spezielle bibliographische Hilfsmittel zu Rate ziehen.

4. Formen schriftlicher Arbeiten

Verschiedene Formen schriftlicher Arbeiten spielen im Theologiestudium eine Rolle. Auf Protokoll, Referat, Arbeitspapier und die schriftliche Hausarbeit soll näher eingegangen werden.

4.1 Das Protokoll

Das Protokoll hat seinen Sitz im Arbeitsprozeß eines Seminars, einer Übung, eines Projektes usw. Es informiert über die einzelne Sitzung im Hinblick auf (a) organisatorische Technika, (b) die Planung und den Verlauf der Seminarhandlung sowie (c) vor allem über den Gang der Sacherörterung und den Diskussionsstand. Die genannten Funktionen können in verschiedener Weise erfüllt werden, je nachdem, ob man ein Verlaufsprotokoll, ein Ergebnisprotokoll oder ein weiterführendes Protokoll erstellt.

Das *Verlaufsprotokoll* gibt eine Sitzung unter dem Gesichtspunkt der zeitlichen Abfolge wieder. Für das Seminar ist diese Form in seiner strengen Form weniger geeignet, weil es hier nicht auf eine Wiedergabe des formalen Ablaufes, sondern auf eine inhaltlich strukturierte Wiedergabe des Seminars ankommt.

Das *weiterführende Protokoll* gibt den Verlauf wieder und versucht, verdeckt gebliebene Probleme zu artikulieren, weiterführende Fragen zu formulieren und Lösungsperspektiven anzuvisieren. Es hat in seiner expliziten Form seinen Platz im Ober- oder Forschungsseminar. Bei dieser Art des Protokolls ist insbesondere darauf zu achten, daß die eigene Stellungnahme und das Referat genau getrennt werden, was freilich generell für jede Anfertigung eines Protokolls gilt.

In der Regel wird das *Ergebnisprotokoll* die einem Seminar angemessene Form der schriftlichen Fixierung eines Sitzungsverlaufes sein. Hierbei werden (zumeist in lockerer Anlehnung an den zeitlichen Ablauf der Sitzung) die Diskussion in ihren Hauptaspekten wiedergegeben, Ergebnisse referiert, Zwischenbilanzen festgehalten, offene Probleme fixiert und Fragen zu weiterer Bearbeitung notiert. Aufgabe des Protokollanten bzw. der Protokollantin ist somit Sichtung und Wertung der Diskussion unter sachlich-inhaltlichen Gesichtspunkten.

Seminarprotokolle können zu Beginn einer Sitzung verlesen, falls nötig diskutiert, korrigiert und genehmigt werden. Sie können aber auch vervielfältigt und beim Seminarapparat ausgelegt werden und nur bei Bedarf besprochen werden. Die Vervielfältigung macht die Protokolle allen Teilnehmerinnen und Teilnehmern zugänglich.

Protokolle enthalten in formaler Hinsicht: Angaben über die Veranstaltung, die protokollierte Sitzung, die inhaltlichen Ausführungen und die Unterschrift.

Muster eines Seminarprotokolls

Prof. Dr. H. Bedorf : Neutestamentliches Seminar: Gleichnisse Jesu (SS 2004)
Protokoll der Sitzung vom 20.5.2004
Gliederung:
1. Organisatorische Fragen
2. Genehmigung des Protokolls vom 13.5.2004
3. Thema der Sitzung: Interpretation von M 20,1-16
ad 1. Es wurde beschlossen, die Sitzung vom 3.7.2004 auf den 30.5.2004, 16 Uhr, Raum 5, vorzuverlegen.
ad 2. Das Protokoll der Sitzung vom 13.5.2004 wurde verlesen und genehmigt.
ad 3. Die Interpretation von Mt 20,1-16 wurde in folgenden fünf Schritten vorgenommen …
gez. Unterschrift

4.2 Das Referat

Neben der Seminarbeit gehört das ausführliche *Referat*, dessen schriftliche Ausarbeitung vorzulegen ist, zu den klassischen Formen schriftlicher Arbeiten im Studium. Daneben gibt es andere Typen von Referaten (den Bericht der Arbeitsgruppe an das Plenum, die Einführung zur Diskussionseröffnung usw.). Das ausführliche Referat ist im Seminar die Basis der weiteren Arbeit. Es geht dabei darum, daß sich der Referent bzw. die Referentin ein Sachgebiet erarbeitet, einen Aufsatz oder ein Buch einem gründlichen Studium unterzieht und dabei die gewonnenen Informationen und Erkenntnisse den Teilnehmerinnen und Teilnehmern eines Seminars oder einer Übung vermittelt.

Ein Referat über einen Aufsatz oder ein Buch kann etwa folgendermaßen aufgebaut werden. Die aufgeführten Punkte werden nicht bei jedem Referat in allen Punkten ausführlich zu behandeln sein. Es ist aber sinnvoll, sich diese Fragen zu stellen.

Mögliche Gliederung eines Buchreferates

1. Darstellung- Veröffentlichungsart und -ort (Verfasserin bzw. Verfasser, Thema, Fundort, evtl. Angabe der Reihe, des Verlages usw.)

- Wer ist der Verfasser, die Verfasserin? (Kurzangaben)
- Was will der Verfasser, die Verfasserin eigentlich? (Die Fragestellung der Arbeit und ihr Zusammenhang. Der Anlaß: Warum wurde der Text geschrieben?)
- Das Ergebnis der Untersuchung etc. im ganzen.
- Wie geht Verfasser bzw. Verfasserin vor? (Methodischer Weg)
- Aufbau und Gliederung im Überblick.
- Darstellung des Gedankenganges im einzelnen. Dabei sind die sich ergebenden Teilfragen und Teilantworten darzulegen.
- Was ergibt sich an neuen und/oder offenen Fragen?

2. Kritische Reflexion und Würdigung
2.1 Innere Kritik

- Wird die intendierte Fragestellung durchgehalten?
- Ist das methodische Vorgehen einheitlich oder gibt es Brüche?
- Ist die Beweisführung nachvollziehbar, sinnvoll und vollständig? Ergeben sich Fragestellungen im Blick auf die Vollständigkeit?

2.2 Sachkritik

- Ist die Fragestellung der Sache im ganzen angemessen?
- Sind die verwendeten Begriffe präzise bestimmt und im Sinne der jeweiligen Fachwissenschaft gebraucht?
- Steckt möglicherweise das Ergebnis in stillschweigend gemachten Voraussetzungen?
- Inwieweit ist die verwendete Methode dem Gegenstand angemessen?

2.3 Einzelkritik

- Gibt es sachliche Fehler bei der Angabe von Fakten?
- Sind falsche Schlüsse gezogen worden?

3. Gesamtbeurteilung

Was ergibt sich für die Fragestellung und im Zusammenhang, in dem das Referat angesetzt wurde,
- an sicheren Ergebnissen,
- an neuen Fragestellungen und neuen, offenen Fragen,
- an deutlicher Kritik bisheriger Positionen und Ergebnisse?

4.3 Das Arbeitspapier

Für das *Arbeitspapier* ist eine Reihe von Merkmalen charakteristisch. Es gehört zum Begriff des Arbeitspapieres, »daß es

- eine gründliche Vorbereitung der Diskussion ermöglicht,
- Arbeitsvorschläge macht, statt Ergebnisse abschließend zu formulieren,
- Materialien bereitstellt und die Materialvermittlung mit Thesen, Fragen und Argumentationsansätzen verbindet,
- einen Umfang von wenigen Seiten hat,
- vervielfältigt wird,
- wenigstens eine Woche vor seiner Verwendung im Seminar an alle Seminarmitglieder verteilt wird.«[8]

Man kann ein solches Arbeitspapier als vervielfältigtes Referat zum Zwecke der Grundlage für eine Diskussion ansehen. Es wird zu einem Problem berichtet, es werden Vorschläge vorgelegt, Argumentationen ausgebreitet und das Ganze zur Diskussion gestellt.

Zu den formalen Bestandteilen eines Arbeitspapieres gehören: Kopf (Angabe von Verfasserin bzw. Verfasser, Thema und Lehrveranstaltung), knappe Gliederung, Literaturverzeichnis und gegebenenfalls Anmerkungen. Aufbau und Anordnung sind variabel und werden durch das Thema und das Vorgehen im Seminar bestimmt.

4.4 Seminararbeit

Der Besuch eines Seminars findet oft seinen Abschluß in einer Arbeit. Die Gründe dafür können verschiedener Art sein. Es kann sein, daß die Anfertigung einer schriftlichen Hausarbeit eine Aufnahmebedingung darstellt (z. B. bei einem Proseminar). Es kann sein, daß das Interesse am Seminarthema zu weiterer Beschäftigung veranlaßt, die ihren Niederschlag in einer schriftlichen Arbeit findet. Es kann sein, daß Anforderungen einer Examensordnung die auslösende Motivation darstellen.

---

8. A. Binder u. a., Einführung in Techniken literaturwissenschaftlichen Arbeitens (Monographien Literaturwissenschaft 18), Frankfurt/M. 1982[5], S. 59.

4.4.1 Literaturverarbeitung

Die Arbeit im Proseminar dient in starkem Maße der Einübung in wissenschaftliche Methoden der theologischen Arbeit sowie allerersten Versuchen einer Arbeit an theologischen Problemen. Bei der Behandlung eines Themas im Zusammenhang mit einem *Hauptseminar* geht es darum, in freier und selbständiger Arbeit ein Problem zu behandeln, dabei die erlernten Methoden anzuwenden, sich den Stand der Forschung zu erarbeiten und kritisch aufzunehmen, in die Sachproblematik einzudringen, diese aus den Quellen zu erarbeiten und darzustellen und sich durch Abwägen der verschiedenen Gesichtspunkte und Argumente einen eigenen Standpunkt zu bilden, um so auf dem Wege der eigenen theologischen Urteilsbildung voranzukommen.

Dabei ist im Blick auf den *Literaturgebrauch* im Auge zu behalten, daß es nicht Aufgabe und Ziel einer *Proseminararbeit* ist, einen lückenlosen Literaturbericht zu geben, sondern es geht um die Bearbeitung eines Themas nach seinen wesentlichen theologischen Problemen. Von daher ergibt sich, daß es nicht darauf ankommt, jede Veröffentlichung, die auch nur einige Ausführungen zum behandelten Thema enthält, zu verarbeiten und auch noch den entlegensten Beitrag per Fernleihe heranzuschaffen. Freilich sollte man von den wichtigen Veröffentlichungen keine außer acht lassen.

Bei der Bearbeitung eines Themas erfolgt zunächst die eigene intensive Beschäftigung mit den Quellen, der sog. Primärliteratur. Dabei dringt man bis zu einer ersten vorläufigen Meinungsbildung vor. Es empfiehlt sich, dieses Ergebnis schriftlich zu fixieren. Hat man auf diese Weise eine eigene Position gewonnen, kann man sich der Sekundärliteratur zuwenden. Die Abklärung einer ersten vorläufigen und damit auch revidierbaren Position verhindert, daß man Aussagen ungeprüft übernimmt, und ermöglicht so eine sinnvolle Zuwendung zur Sekundärliteratur, weil man jetzt auf Wesentliches achtet. Auf diese Weise kommt die Sekundärliteratur in ihrer wirklichen Funktion als Hilfe für das richtige Verstehen und die sachgemäße Auslegung von Quellen zur Geltung.

Konkret sieht das für einen exegetischen Zusammenhang so aus, daß man zunächst die eigene Arbeit am Text unter Zuhilfenahme der einschlägigen Konkordanzen und Lexika zu einem ersten Abschluß führt und dann zu weiterer Begriffsanalyse zum Theologischen Wörterbuch greift. Die Beschäftigung mit der Sekundärliteratur kann zu verschiedenen Ergebnissen führen. Es kann der Fall eintreten, daß man die ersten Überlegungen korrigieren oder modifizieren muß. Es kann sein, daß die ursprünglich formulierten Gedanken gefestigt und abgesichert werden. So kommt es zu weiterer Klärung und zu einer Vertiefung der eigenen Urteilsbildung.

Ein anderer Weg der Bearbeitung besteht darin, daß man zunächst die Primärtexte kennenlernt, dann aber doch auch bald zur Sekundärliteratur greift und erhebt, was die strittigen Sachprobleme sind. Die Sekundärliteratur informiert einen über den gegenwärtigen Erkenntnis- und Forschungsstand. Im nächsten Schrift erfolgt die erneute Zuwendung zu den Primärtexten und ihre intensive Bearbeitung. Bei diesem Verfahren kommt es zu einem Wechselspiel zwischen Aussagen der Primärtexte und der Sekundärliteratur. Dabei erfolgt ja auch wiederum eine Überprüfung der Sekundärliteratur und ihrer Aussagen von der Analyse der Primärtexte her.

Welchen Verfahrensweg man auch wählt, wichtig ist der Prozeß wechselseitiger Erhellung und Befragung. Entscheidend ist, daß nicht das Referat der Sekundärliteratur, sondern die Bearbeitung der Quellen die Substanz einer Arbeit ausmacht.

4.4.2 Gliederung

Die Gliederung einer schriftlichen Seminararbeit richtet sich nach den bei einer wissenschaftlichen Arbeit üblichen Gepflogenheiten. Hauptbestandteile sind daher:

- Titelblatt,
- Inhaltsverzeichnis,
- Vorwort (bei Proseminararbeit entbehrlich),
- Einleitung,
- Hauptteil,
- Schluß,
- Abkürzungsverzeichnis,
- Literaturverzeichnis,
- Anmerkungen (soweit nicht als Fußnoten, was die bessere Lösung ist und mit Hilfe des Computers leicht machbar ist),
- (evtl.) Erklärung, daß man die Arbeit selbst verfaßt hat.

Dabei ist es ebenso möglich, Abkürzungs- und Literaturverzeichnis an den Anfang der Arbeit (nach dem Inhaltsverzeichnis) zu stellen. Wenn für die Gliederung der Untersuchung »Einleitung – Hauptteil – Schluß« eingesetzt sind, so bedeutet dies die Empfehlung, zumindest diese drei Punkte in der Gliederung vorzusehen:

- Die Einleitung klärt die Fragestellung, grenzt das Thema ab, gibt evtl. einen kurzen Bericht zum Stand der Forschung.
- Der Hauptteil wird im einzelnen nach den Bedürfnissen der jeweiligen Untersuchung zu untergliedern sein.
- Der Schluß faßt zusammen, fixiert Ergebnisse, stellt neue Fragen heraus und markiert ungelöste Probleme.

Das Literaturverzeichnis kann entweder rein alphabetisch angeordnet werden oder – was zu empfehlen ist – untergliedert werden. Eine differenzierte Aufteilung kann bei einer exegetischen Arbeit unterscheiden zwischen:

    I. Texte,
   II. Hilfsmittel,
  III. Kommentare,
  IV. Monographien,
   V. Aufsätze.

Wenn man allgemein übliche Hilfsmittel nicht besonders aufführt, kann man auch gliedern:

    I. Texte,
   II. Kommentare,
  III. Monographien und Aufsätze.

Zu den weiteren Fragen, welche die formale Textgestaltung bei der Niederschrift einer Arbeit betreffen, siehe die folgenden Ausführungen.

5. Die formale Gestaltung schriftlicher Arbeiten

Eine schriftliche Arbeit bedarf nicht nur einer inneren Form, die sich in einer durchdachten und eindeutigen Gliederung zeigt, sondern auch der äußeren Form. Dazu gehört, daß eine schriftliche Arbeit auf normalem Schreibmaschinenpapier mit eineinhalbzeiligem Abstand und genügend breitem Rand auf der linken Seite geschrieben und vom Computer ausgedruckt wird. Hinsichtlich der Titelangaben, Abkürzungen, Zitate und

Anmerkungen ist eine Reihe weiterer Regeln für die formale Textgestaltung zu beachten.

5.1 Titelangaben

Bei der Aufführung der Literatur im Literaturverzeichnis sowie bei der ersten Nennung eines Titels in einer Anmerkung, sofern nicht besondere Kurzangaben vorgesehen sind, wie das bei Seminararbeiten der Fall sein kann, ist jeweils eine vollständige und genaue Literaturangabe notwendig. Dabei gilt für:

5.1.1 Selbständige Veröffentlichungen

Eine vollständige bibliographische Angabe eines Werkes setzt sich zusammen aus:

– Name und (eventuell gekürzt) Vorname des Verfassers bzw. der Verfasserin,
– Titel (mindestens Haupttitel, wenn für den Inhalt aufschlußreich, auch Untertitel),
– Bandnummer (bei mehrbändigen Werken),
– gegebenenfalls: Angabe der Reihe mit Bandzahl,
– Erscheinungsort,
– Erscheinungsjahr,
– gegebenenfalls: Auflagenbezeichnung.

Die Kürzung des Vornamens kann vorgenommen werden, wenn keine Verwechslungsgefahr besteht. In letzter Zeit wird zunehmend Wert gelegt auf die Ausschreibung der Namen, um den Anteil der Frauen an der wissenschaftlichen Arbeit sichtbar zu machen. Der Erscheinungsort (gegebenenfalls auch der Name des Verlages) ist bei ausländischen Veröffentlichungen immer anzugeben. Er sollte auch bei deutschen Publikationen nicht fehlen. Beim Vorhandensein mehrerer Auflagen ist zu beachten, ob es sich um unveränderte Nachdrucke oder um unterschiedliche Textfassungen handelt. Bei wesentlich veränderter Auflage sollte man die Auflagenbezeichnung ausschreiben (z.B.: 5. erw. Aufl. Berlin 1965), während im übrigen die Auflage durch eine hochgestellte Zahl vor oder hinter dem Erscheinungsjahr bezeichnet wird.
Bei Dissertationen, die nicht im Druck erschienen sind, ist neben dem Hochschulort ein Verweis auf das Fachgebiet anzubringen.
Bei Werken mit mehreren Bänden kann man zur Bezeichnung der

Bandzahl römische Ziffern verwenden. Im Unterschied dazu wird die Bandzahl von Reihen grundsätzlich mit arabischen Ziffern bezeichnet. Die folgenden Muster bibliographischer Angaben mögen die Hauptregeln noch einmal am Beispiel verdeutlichen.

Monographie:

Bornkamm, Heinrich: Luther und das Alte Testament, Tübingen 1948.
Monographie in einer Reihe:
Klein, Günter: Die zwölf Apostel. Ursprung und Gehalt einer Idee (FRLANT 77), Göttingen 1961.
(Die Schreibweise »... Idee, FRLANT 77, Göttingen 1961« ist ebenso möglich.)
Monographie mit mehrfacher Auflage:
Noth, Martin: Überlieferungsgeschichtliche Studien, Tübingen 1973⁴.
(Die Schreibweise »... Tübingen ⁴1973 ...« ist ebenso geläufig.)
Dissertation:
Meyer, Wilhelm: Der leidende Prophet. Theol. Diss. Marburg 1980.
Werke mit mehreren Bänden:
Kautzsch, Emil: Die Apokrypen und Pseudepigraphen des Alten Testaments II, Tübingen 1900.
(Die Schreibweise »... Testaments, Bd. II, Tübingen 1900« ist ebenso möglich.)

Wird eine bibliographische Angabe außerhalb des Literaturverzeichnisses (z. B. in einer Anmerkung) gegeben, so ändert sich in der Regel die Schreibweise in der Weise, daß der Vorname vorgezogen und nach der Angabe des Namens ein Komma gesetzt wird (z. B.: Heinrich Bornkamm, Luther und das Alte Testament, Tübingen 1948).
Es ist schließlich noch auf die Besonderheit hinzuweisen, daß das Werk von Hermann L. Strack/Paul Billerbeck, Kommentar zum Neuen Testament aus Talmud und Midrasch I-IV, München 1922-1928, außerhalb des Literaturverzeichnisses nur unter dem Namen von Paul Billerbeck zitiert wird, da er der alleinige Verfasser des Werkes ist. Eine andere Möglichkeit, diesem Sachverhalt Rechnung zu tragen, besteht darin, den Namen von Hermann L. Strack stets einzuklammern.

5.1.2 Aufsätze und Lexikonartikel

Bei Aufsätzen in Zeitschriften und Sammelbänden ergeben sich einige Änderungen bei der Titelangabe.
Auf Name und Vorname des Autors bzw. der Autorin sowie den Aufsatztitel folgt der Zeitschriftentitel bzw. die Angabe des Herausgebers bzw. der Herausgeberin und des Titels des Sammelbandes.

Bei Zeitschriftenaufsätzen ist vor der Jahreszahl die Band- oder Jahrgangsnummer anzugeben.

Erscheint der Jahrgang einer Zeitschrift in mehreren Heften, von denen jedes erneut mit Seite eins beginnt, so ist es notwendig, zusätzlich die Heftnummer zu vermerken.

Die Band-oder Jahrgangsnummer sollte hierbei grundsätzlich mit arabischen Ziffern bezeichnet werden.

Es ist auch möglich, vor die Angabe der Zeitschrift ein »in:« (oder auch: »In:«) zu setzen. Bei Beiträgen in Sammelbänden und Festschriften sollte das »in:« nicht fehlen.

Diese Regelungen seien wiederum an einigen Beispielen verdeutlicht:

Aufsatz in einer Zeitschrift:

Lohse, Eduard: Die Gottesherrschaft in den Gleichnissen Jesu, EvTh 18, 1958, S. 145-157.
(Die Schreibweise »... Jesu, in: EvTh 18, 1958, S. 145-157« ist ebenso möglich.)

Aufsatz in einem Sammelband/Festschrift:

Hengel, Martin: »Was ist der Mensch?«, in: Hans W. Wolff, (Hg.). Probleme biblischer Theologie. Gerhard von Rad zum 70. Geburtstag, München 1971, S. 116-135.
(Die Schreibweise »›Was ist der Mensch?‹ In: Hans W. Wolff (Hg.), Probleme ...« ist ebenso möglich.)

Bei *Sammelbänden sowie Ausgaben gesammelter Aufsätze*, die Beiträge aus verschiedenen Jahren enthalten, empfiehlt sich wegen der forschungsgeschichtlichen Einordnung die Hinzufügung des Zeitpunktes der Erstveröffentlichung.

Artikel aus Nachschlagewerken werden jeweils unter dem Namen *der Verfasserin/des Verfassers* zitiert. Ein Verweis auf das Lexikon usw. ist nicht ausreichend. Dabei hat sich weithin eingebürgert, daß Erscheinungsort und -jahr nicht angegeben werden. Gelegentlich kann sich auch hier wegen der forschungsgeschichtlichen Einordnung die Hinzufügung dieser Angaben empfehlen. Im übrigen ist auch hier eine Hinzufügung eines »in:« vor der Angabe des Nachschlagewerkes möglich und gebräuchlich.

Aufsatz in einem Sammelband mit Angabe des Zeitpunktes der Erstveröffentlichung:

Bultmann, Rudolf: Weissagung und Erfüllung (1948), in: Claus Westermann

(Hg.), Probleme alttestamentlicher Hermeneutik (ThB 11), München 1960, S. 28-53.

Artikel in einem Lexikon:

Nagel, Peter: Art. Gnosis, Gnostizismus, EKL³, Bd. II, Sp. 241-247.
(Die Schreibweise »... EKL Bd. II, ³1989, Sp. 241-247« ist ebenso gebräuchlich.)

Die Angaben »S.«, »Sp.« usw. können dort entfallen, wo es nicht zu Mißverständnissen führt. Wie immer man bibliographische Angaben gestaltet, als oberster Grundsatz muß gelten, daß sie so präzise sind, daß der Leser bzw. die Leserin ohne Schwierigkeit den genannten Titel einer Arbeit finden kann.

5.2 Abkürzungen

Für die Verwendung von Abkürzungen hat als oberster Gesichtspunkt zu gelten: *Sie müssen eindeutig sein.* Sie sollen im Text einer Arbeit nicht variiert werden, sondern von Anfang bis Ende in einheitlicher Weise verwendet werden. Soweit die Anmerkungen sich im Rahmen der Angaben des »Großen Duden« bewegen, bedürfen sie keiner Erläuterung.

In den bibliographischen Angaben wissenschaftlicher Veröffentlichungen werden u. a. die nachfolgend aufgeführten Abkürzungen verwandt. Es empfiehlt sich, diese zur Kenntnis zu nehmen.

aaO. (auch: a.a.O.)	am angegebenen Ort		mit und ohne Punkt üblich)
Abt.	Abteilung	Hg. (auch: Hrsg.)	Herausgeber/
Bd., Bde.	Band, Bände		Herausgeberin
cf.	confer (= vergleiche)	hg. (auch: hrsg.)	herausgegeben von
ders.	derselbe	ibid. (auch: ib.)	ibidem (= ebenda)
dies.	dieselbe		
Diss.	Dissertation	l.c. (auch: loc.cit.)	loco citato (= am angegebenen Ort)
ebd.	ebenda		
ErgBd.	Ergänzungsband	o. J.	ohne Jahresangabe
f.	folgende(r)		
ff.	folgende (f und ff stehen ohne Abstand zur Zahl, Abschluß ist	o. O.	ohne Ortsangabe
		p.	pagina (= Seite)
		S.	Seite
		s.	siehe (Am Anfang

	einer Anmerkung	u. a.	und andere
	sollte man aus-	u. ö.	und öfter
	schreiben: Siehe)	V.	Vers
s. o.	siehe oben	wiss.	wissenschaft-
s. u.	siehe unten		lich(e)
Sp.	Spalte	Z.	Zeile
Suppl.	Supplement		
s. v.	sub voce (= unter dem Stichwort)		

In der wissenschaftlichen Literatur wird usw. bei griechischen Zitaten durch »κτλ.« (= kaì tà loipá) ausgedrückt. Bei lateinischen Zitaten ist »etc.« (et cetera) gebräuchlich. In der exegetischen Literatur verweist »par.« nach einer Bibelstelle auf synoptische Parallelen.

Im übrigen ist für alle bibliographischen Abkürzungen das Werk von *Siegfried Schwertner* maßgebend. In der 2. Aufl. dieses Abkürzungsverzeichnisses (Abk.: IATG) sind auch enthalten: Abkürzungslisten für biblische Bücher, Quellenschriften und Ausgaben einschließlich außerkanonischer Schriften, Qumranschriften und rabbinischer Schriften. Man kann sich daher die Mühe sparen, ein eigenes Abkürzungsverzeichnis zusammenzustellen und auf dies Werk verweisen. Am Anfang des Literaturverzeichnisses erscheint dann folgender Vermerk:

Abkürzungen nach: *Siegfried Schwertner*, Internationales Abkürzungsverzeichnis für Theologie und Grenzgebiete. Zeitschriften, Serien, Lexika, Quellenwerke mit bibliographischen Angaben, 2. überarb. und erweiterte Auflage, Berlin/New York 1992.

5.3 Zitate

In der einen oder anderen Weise bezieht sich jede Arbeit, die im Studienverlauf ihren Ort hat, auf andere Texte. Es ist dabei selbstverständlich, daß fremde Gedanken, die man übernimmt oder über die man diskutiert, als solche zu kennzeichnen sind. Dabei ist für die Wiedergabe derselben größte Genauigkeit erforderlich.

Bei sinngemäßer Wiedergabe eines Textes werden keine Anführungszeichen gesetzt, sondern es genügt ein Verweis auf die Fundstelle.

Werden einzelne Wendungen übernommen, so setzt man diese in Anführungszeichen und läßt den Namen der Autorin bzw. des Autors in Klammern folgen.

»Sitz im Leben« (Gunkel)

Beim wörtlichen Zitieren werden immer Anführungs- und Ausführungszeichen gesetzt. Dabei sind Auslassungen im Text durch drei Punkte zu markieren.

»Wie wenig der Glaube … als virtus … verstanden werden kann …«
(Die Schreibweise »Wie wenig der Glaube … als virtus« ist ebenso gebräuchlich.)

Innerhalb eines Zitates stehen einfache Zeichen, die an die Stelle der doppelten Zeichen des Originals treten.

»Die alttestamentliche Überlieferung kennt den Namen ›Israel‹ … nur als eine Gesamtbezeichnung für eine Gruppe von zwölf Stämmen.«

Der Originaltext wird exakt zitiert, einschließlich von Hervorhebungen, orthographischen Besonderheiten und offensichtlichen Druckfehlern. Durch ein lateinisches [sic] oder ein Ausrufezeichen[!] kann auf Druckfehler oder Besonderheiten im Original hingewiesen werden. Von der Vorlage abweichende Schreibweisen (eigene Hervorhebungen, Modernisierung der Orthographie) sind als solche zu kennzeichnen.

»Der Hinweis auf die Barmherzigteit [sic] zeigt freilich, daß es sich auch damals schon nur um eine *Gerechtigkeit der Gnade* gehandelt haben kann …« (Rudolf Hermann, Luthers These »Gerecht und Sünder zugleich«, Gütersloh 1930, S. 8. Hervorhebung vom Verf. – Ebenso möglich: Hervorhebung: G. A.)

Wechselt innerhalb eines Zitates die Seitenzahl des Originals, kann dies durch Einfügung eines schrägen Striches oder durch das Einsetzen der neuen Seitenziffer an der betreffenden Stelle markiert werden.

»Erbauliche Erzählungen werden von erbauender Rede [S. 8] benötigt …« (Martin Dibelius, Die Formgeschichte des Evangeliums, Tübingen 1971[6], S. 7 f.).

Eigene Zusätze innerhalb eines Zitates sind in eckige Klammern […] zu setzen, damit sie deutlich zu unterscheiden sind von Angaben des Originals, die in runden Klammern (…) stehen. Eigene Zusätze erklärender Art, die z. B. durch das Herausnehmen aus dem Sinnzusammenhang des ursprünglichen Textes notwendig werden, leitet man gegebenenfalls durch ein »sc.« (= scilicet) oder »nämlich« ein.

»Und er [sc. Jesus] bedeutet das kraft des Eindrucks seiner Persönlichkeit, in der solcher Glaube und solche Liebe lebendig waren.« (Rudolf Bultmann, Glauben und Verstehen I, Tübingen 1972[7], S. 250).

Normalerweise wird in der Originalsprache zitiert. Sind für eine Arbeit die Originalquellen nicht zugänglich oder versteht der Verfasser bzw. die Verfasserin deren Sprache nicht, dann kann man eine Übersetzung benutzen, wobei der Übersetzer bzw. die Übersetzerin anzugeben ist.

5.4 Anmerkungen

Neben dem Zitieren spielen die Anmerkungen bei der Niederschrift einer Seminar- oder Examensarbeit eine wichtige Rolle. Dabei haben die Anmerkungen zwei grundlegende Funktionen. Die eine besteht darin, die Belegstellen von Zitaten anzugeben. Die andere Funktion besteht darin, zu kommentieren, sich gegen andere Meinungen abzugrenzen sowie nebengeordnete, aber doch nicht unwichtige Gesichtspunkte zur Geltung zu bringen. Insgesamt will die Anmerkung den Haupttext entlasten und dadurch zu seiner Lesbarkeit beitragen. Adolf von Harnack stellte u.a. die folgenden, auch heute noch beachtenswerten Regeln auf:

– Der Text sei so zu fassen, daß er auch ohne Anmerkungen gelesen werden könne.
– Parenthesen im Text oder Exkurse könnten Anmerkungen ersetzen.
– Es gelte, mit Anmerkungen sparsam zu sein und sie nicht als Rumpel-, sondern als Schatzkammern zu betrachten.
– Anmerkungen sollten nicht nachträglich geschrieben werden und nichts enthalten, was wichtiger sei als der Text.
– Durch Anmerkungen vermöge der Könner der Darstellung Obertöne und Akkorde zu geben[9].

Die Anmerkungen können seitenweise, abschnitts- bzw. kapitelweise oder durch die gesamte Arbeit fortlaufend gezählt werden. Sie können entweder als Fußnoten am unteren Ende der jeweiligen Seite untergebracht werden, was zweifellos das übersichtlichste Verfahren ist, oder in einem gesonderten Anmerkungsteil, der am Ende der Arbeit eingelegt wird, aufgeführt werden. Im letzteren Falle empfiehlt es sich, die Anmerkungen durch die ganze Arbeit durchlaufend zu zählen. Durch die Möglichkeiten des Computers ist die Erstellung der Anmerkungen in den wissenschaftlichen Arbeiten erheblich vereinfacht worden.

Es ist zu beachten, daß eine Anmerkung immer mit einem großen Buchstaben beginnt und mit einem Punkt endet. Die Anmerkungsziffern werden im laufenden Text nach folgendem Schema angebracht:

---

9. Aus Wissenschaft und Leben I (Reden und Aufsätze NF I), Gießen 1911, S. 161f.

Wortzitat innerhalb eines Satzes oder am Satzende:

Die »Gottesherrschaft«[10] steht im Zentrum der Predigt Jesu.
Jesu Predigt hat ihr Zentrum in der »Gottesherrschaft«[10].

Satzzitat bei vollständigem Satz:

»Im Zentrum der Predigt Jesu steht die Gottesherrschaft.«[10]

Zitation eines Satzteiles:

Die Gottesherrschaft steht »im Zentrum der Predigt Jesu«[10].

Im sonstigen Falle:

Die Gottesherrschaft steht im Zentrum der Predigt Jesu[10].

Bei den Titelangaben in den Anmerkungen im Rahmen einer Seminar- oder Examensarbeit kann man sich zunutze machen, daß in der Regel ein detailliertes Literaturverzeichnis zur schriftlichen Arbeit erstellt wird. Man kann dann so verfahren, daß man dort, wo ein Autor im Literaturverzeichnis nur mit einem Titel vertreten ist, in den Anmerkungen Namen und Seitenzahl nennt. Sind mehrere Arbeiten eines Autors genannt, dann sollte man jeweils im Literaturverzeichnis bereits einen Kurztitel für die einzelnen Veröffentlichungen nennen, dessen man sich dann in der Arbeit bedienen kann.

Die Angaben »aaO.« (oder auch: a. a. O.) und »l. c.« (= loco citato) werden für Rückverweise verwendet und nehmen Bezug auf das Werk eines Autors, das in einer früheren Anmerkung genannt wurde. Um der Gefahr von Mißverständnissen entgegenzuwirken, sollte man »aaO.« nur dann verwenden, wenn ein Verweis auf den Titel erfolgt, der in der unmittelbar vorhergehenden Anmerkung genannt ist.

[1] A. Deißmann, Paulus, S. 15.
[2] AaO., S. 33.
[3] AaO., S. 35.

Wird zwischendurch ein anderer Titel zitiert, ist die Kurztitelangabe zu wiederholen.

[1] A. Deißmann, Paulus, S. 15.
[2] R. Bultmann, Jesus, S. 5.
[3] AaO., S. 6.
[4] A. Deißmann, Paulus, S. 17.
[5] AaO., S. 30.

Schließlich sollte man sich bei der Verwendung von »ebd.« einen engen Verwendungsbereich angewöhnen. Entgegen dem bisher auch üblichen Gebrauch, mit »ebd.« auf ein Werk in der vorhergehenden Anmerkung zu verweisen und eine neue Seitenzahl hinzuzufügen, wird empfohlen, die Angabe von »ebd.« nicht nur auf denselben Titel, sondern auch auf dieselbe Seite wie in den vorhergehenden Anmerkungen bezogen sein zu lassen.

[1] R. Bultmann, Jesus, S. 15.
[2] Ebd.

Bei der ausschließlichen Beschäftigung mit einem Werk über einen längeren Abschnitt brauchen die einzelnen Seitennachweise nicht in den Anmerkungen zu erscheinen, sondern können im laufenden Text in Klammern aufgenommen werden.

6. Mit dem Computer und Internet arbeiten

Der Computer und das Internet werden zunehmend als Hilfsmittel auch für die wissenschaftliche Arbeit im Bereich der Theologie entdeckt und genutzt. Die Entwicklung im deutschsprachigen Bereich geht dabei deutlich langsamer voran als im englischsprachigen Bereich, was deshalb nicht verwundert, weil der englischsprachige Markt einfach größer ist, so daß sich Investitionen bezahlt machen. Die Arbeit mit englischen Bibeltexten ist verständlicherweise nicht so attraktiv. Es gibt aber inzwischen auch Bibeln in den Ursprachen und in Deutsch, erste Nachschlagewerke sowie sonstige Hilfsmittel auf Diskette, CD-ROM und On-Line im Internet.

6.1 Bibel und Internet

Für das exegetische Arbeiten hält das Internet eine Reihe von Möglichkeiten bereit, die einen zeitlichen Gewinn bringen können:
– Da sind zunächst die Online-Bibel-Versionen. Es handelt sich dabei um Fassungen, die in der Regel auch auf Diskette oder CD-ROM erhältlich sind. Die Universitätsbibliotheken und Fakultätsbibliotheken verfügen

in der Mehrzahl der Fälle zumindest über Disketten oder CD-ROM-Versionen, die über den Computer aufrufbar sind.
- Weiterhin ist die Möglichkeit der *Literaturrecherche* zu nennen. Im Internet sind Literaturdatenbanken und Bibliographien verfügbar, die beim Aufsuchen exegetischer Fachliteratur hilfreich sind. Dies gilt zumal deshalb, weil man bibliographische Angaben ausdrucken kann und sie nicht erst mühsam mit der Hand abschreiben und dann wieder in den Computer eingeben muß.
- Künftig werden wissenschaftliche Arbeiten verstärkt im Internet veröffentlicht werden. Gegenwärtig ist dies noch nicht über erste Anfänge hinausgekommen. Zur Frage der Zitation von wissenschaftlichen Texten aus dem Internet gibt es z.Zt. auch noch keine allgemeine Konvention. Es ist aber hinreichend, wenn man folgende Daten angibt: *Nachname, Vorname, Titel des Beitrages. URL (Datum).* – Mit URL (= Uniform Resource Locator) wird die vollständige Adresse bezeichnet, unter der man ein Dokument finden kann (s. die u. a. Beispiele). Angesichts der raschen Veränderungen im Internet und des häufigen Wechsels des URL ist es bei einer Zitation erforderlich, das Abfragedatum in Klammern anzugeben.

6.2 Bibeln, andere Quellen, exegetische Hilfsmittel

Die deutschsprachigen Bibelausgaben gibt es zumeist auf Diskette und CD-ROM. Dabei bieten diese Ausgaben in der Regel weitere Funktionen und Hilfsmittel an. Man kann eine Bibelstelle aufschlagen, mehrere Texte nebeneinander öffnen, bestimmte Worte suchen (Konkordanzfunktion). Es liegen insgesamt sowohl die Ausgaben der Urtexte als auch Bibeln in deutscher Sprache vor. Ich nenne:
- *Hermeneutica/Computer Research Software:* BibleWorks for Windows. Hebräische und griechische Bibel (BHS, LXX, Nestle-Aland), philologische Hilfen und moderne Übersetzungen, Stuttgart: Deutsche Bibelstiftung, o. J.
- PC Bibelatlas mit Ortslexikon, Wuppertal: R. Brockhaus 1998.
- *Deutsche Bibelgesellschaft/Katholisches Bibelwerk/R. Brockhaus:* Quadro-Bibel-CD-Rom, Stuttgart: Deutsche Bibelstiftung 1998.

Daneben gibt es Volltext-Datenbanken mit Texten antiker und frühchristlicher Schriftsteller, die teilweise für die exegetische Arbeit hilfreich sind.

Bei solchen Datenbanken kann man sich Texte anschauen, aber auch einzelne Wörter aufsuchen.

Auf eine Auflistung aller zur Zeit verfügbaren Bibeln, Quellen und Nachschlagewerke wird hier aus Raumgründen verzichtet. Im übrigen ist die Entwicklung hier so rasant, daß in den nächsten Jahren das Angebot sich erheblich verbreitern wird[10].

6.3 Literaturrecherchen: Server-Adressen

Für die Arbeit mit dem Internet ist eine Reihe von Server-Adressen hilfreich. Für die Arbeit an und mit der Bibel sind gegenwärtig besonders wichtig[11]:

http://www.ktf.uni-passau.de/bibel/index.html

Franz Böhmisch betreut an der Universität Passau die Database »Bibelwissenschaft«, die unter der genannten URL aufrufbar ist. Die ausgesprochen hilfreiche Zusammenstellung ist sehr umfangreich. Hier werden »Bibelausgaben« und »Textausgaben« verzeichnet. Eine Sparte gilt auch dem »Computereinsatz in der Exegese«. Dies ist wohl eine Adresse, die man sich merken sollte. Es ist zu hoffen, daß die Angaben ständig weiter aktualisiert werden.

Als nächste Adresse ist zu nennen:

http://www.hivolda.no/asf/kkf/rel-stud.html

Diese Datenbank wird von dem Norweger *Torrey Seland* betreut. Diese englischsprachigen »Resource Pages for Biblical Studies« sind für Neutestamentler das Aktuellste. Man findet hier frühchristliche Literatur, Bibeltexte, Übersetzungen und verwandte Texte.

In gleicher Weise ergiebig wie die beiden zuvor genannten Adressen ist die Theologische Literaturdatenbank der Universität Innsbruck. Sie ist zu erreichen unter:

http://starwww.uibk.ac.at/theologie/theologie-en.html

Für exegetische Recherchen empfiehlt es sich, von den fünf verschiedenen Datenbanken »BILDI: Documentation for Biblical Literature Innsbruck« aufzurufen[12].

---

10. Eine kommentierte Zusammenstellung bietet *T. Söding*, Wege der Schriftauslegung. Methodenlehre zum Neuen Testament, Freiburg u. a. 1998, S. 310-312.
11. Siehe dazu den Leitfaden von *Ch. Nanz*, in: *T. Söding*, Wege der Schriftauslegung, aaO., S. 312-315.
12. Im übrigen s. auch die Aufstellung bei *W. Nethöfl/P. Tiedemann*, Internet für

Es sei noch auf einige weitere *wichtige Server-Adressen für die Literatursuche im Internet* – für die Exegese wie für die Theologie überhaupt – aufmerksam gemacht:

http://opac.ub.uni-tuebingen.de

Die Universitätsbibliothek in Tübingen sammelt mit Unterstützung der Deutschen Forschungsgemeinschaft möglichst umfassend theologische und religionswissenschaftliche Literatur aller Disziplinen und Konfessionen des In- und Auslandes. Die UB Tübingen nimmt damit eine zentrale Aufgabe hinsichtlich der Literaturversorgung in Theologie für ganz Deutschland wahr.

http://www.buchhandel.de

Das »Verzeichnis Lieferbarer Bücher« (= VLB) verzeichnet auch die neuesten, eventuell noch nicht in der Bibliothek angeschafften Titel.

http://www.uni-karlsruhe.de

Der »Karlsruher Virtuelle Katalog« umfaßt etwa 50 Mill. Bücher aus ca. 400 Bibliotheken und Buchhandelskatalogen. Hier kann man vor allem auch in internationalen Bibliotheken recherchieren (z.B. im Katalog der großen amerikanischen Bibliothek »Library of Congress«[13]).

7. Literatur zum Thema

Die Ausführungen dieses Artikels zur Technik wissenschaftlichen Arbeitens können nur eine knappe Einführung geben. Wer speziellen Fragen weiter nachgehen möchte, sei zum Schluß auf einige ausgewählte Veröffentlichungen hingewiesen. Thematisch geht es dabei um (1) allgemeine, fächerübergreifende Fragestellungen wissenschaftlicher Arbeitstechnik (O. P. Spandl, A. Raffelt), (2) Fragen der Lernpsychologie und des Zeitmanagements (R. Schräder-Naef, L. J. Seiwert), (3) allgemeine und fach-

---

Theologen. Eine praxisorientierte Einführung, Darmstadt 1999, S. 73-76 (Altes Testament) und S. 77f. (Neues Testament), genannt.

13. Die Library of Congress ist weltweit die Bibliothek mit dem größten Titelbestand. In die Geheimnissse der dortigen Recherche führen ein: *U. Grund/ A. Heinen*, Wie benutze ich eine Bibliothek? (UTB 1834), 2. überarb. Aufl. München 1996, S. 238-246.

spezifische Fragen der Bibliotheksbenutzung und theologischen Bücherkunde (U. Grund/A. Heinen, G. Schwinge, A. Raffelt) und schließlich um (4) Fragen der Internetbenutzung (W. Nethöfl/P. Tiedemann, U. Grund/ A. Heinen).

Oskar P. Spandl, Die Organisation der wissenschaftlichen Arbeit (unitext), Braunschweig 1971. – Gegenstand dieses Buches sind die Lehrveranstaltungen, die Benutzung von Bibliotheken, das Studium der Fachliteratur, die schriftliche Arbeit, die Prüfungsarbeit, das Verhalten in mündlichen Prüfungen sowie der wissenschaftliche Vortrag. Die Veröffentlichung ist übersichtlich aufgebaut und gut lesbar.

Albert Raffelt, Proseminar Theologie. Einführung in das wissenschaftliche Arbeiten und in die theologische Buchkunde (theologisches seminar), Freiburg u. a., 5., wiederum völlig neubearb. Aufl. 1992. – Dies instruktive Werk handelt von Büchern, Zeitschriften, Bibliotheken, Literaturermittlung, Zitationsweisen, Lesen, Exzerpieren und schriftlichen Arbeiten. Eine ausführliche Buchkunde zur katholischen Theologie schließt sich an.

Auf die Erörterung von *Fragen der Arbeits- und Lernpsychologie sowie des Zeitmanagements* mußte aus Platzgründen verzichtet werden. Da in den letzten Jahren die Erkenntnisse und Ergebnisse der lernpsychologischen Forschung weite Verbreitung gefunden haben, dürfte es nicht allzu schwierig sein, sich über diesen Bereich zu informieren. Aus der Fülle der Veröffentlichungen seien zwei hervorgehoben:

Regula Schräder-Naef, Rationelles Lernen lernen. Ratschläge und Übungen für alle Wißbegierigen, Weinheim/Basel 1992[17]. – Diese Veröffentlichung behandelt Fragen des Lernens (S. 44-59), der Arbeitszeiten und Arbeitsplatzgestaltung (S. 97-104 sowie S. 105-113), der Planung und Zeiteinteilung (S. 136-164) sowie der Prüfungsvorbereitung (S. 197-209).

Speziell den Fragen des Zeitmanagements widmet sich folgende kleine Veröffentlichung:

Lothar J. Seiwert, Das 1x1 des Zeitmanagements (Gabal 10), Speyer 1991[15]. Diese kleine Broschüre faßt auf knappem Raum verschiedene Aspekte des Zeitmanagements zusammen. Hier geht es u. a. um »Zeitdiebe«, die Definition der Ziele, die schriftliche Arbeitsplanung, A-B-C-Aufgaben und die tägliche Leistungskurve. Die Veröffentlichung ist eine konkrete Anleitung zur Thematik.

Uwe Grund/Armin Heinen, Wie benutze ich eine Bibliothek? Basiswissen-Strategien-Hilfsmittel (UTB 1834); 2., überarb. Aufl. München 1996. – Neben den klassischen Wegen der Bibliotheksbenutzung kommen OPAC und CD-Rom als neues Katalogmedium respektive bibliographisches Medium zur Sprache.

Gerhard Schwinge, Wie finde ich theologische Literatur? (Orientierrungshilfen 16), 3., völlig neu bearb. Aufl. Berlin 1994. – Im 4. Kap. des Buches werden wichtige theologische Nachschlagewerke in systematischer Ordnung aufgeführt. Kap. 5 bietet eine knappe Anleitung zur wissenschaftlichen Recherche.

Wolfgang Nethöfl/Paul Tiedemann, Internet für Theologen. Eine praxisorientierte Einführung, Darmstadt 1999. – Das Buch bietet in Teil I eine gute allgemeine Einführung in das Internet. Teil II enthält wichtige Adressen für Theologinnen und Theologen. Besonders relevant sind für unseren Zusammenhang die Sparten Altes Testament (S. 73-76), Neues Testament (S. 77 f.), Theologische Literatur (S. 56-59) und die Link-Listen von theologisch relevanten Internetadressen (S. 47-55).

Die Ausführungen dieses Beitrages zeigen, daß es eine Vielfalt von Arbeitsweisen gibt, die das wissenschaftliche Arbeiten erleichtern. Jeder bzw. jede Studierende wird sich je nach den eigenen Voraussetzungen, besonderen Interessen und Studienschwerpunkten einen eigenen Stil wissenschaftlichen Arbeitens ausbilden. Dabei ist es wichtig, die Techniken wissenschaftlichen Arbeitens immer wieder kritisch zu bedenken, damit man durch Experiment und Erfahrung zu einer möglichst sachgemäßen und effektiven Arbeits- und Studientechnik findet, die einem selbst entspricht und der Bearbeitung der inhaltlichen Fragen des Theologiestudiums förderlich ist.

WISSENSCHAFT — Neues Testament

Lernbuch – Lehrbuch – Arbeitsbuch

Wolfgang Fenske
Arbeitsbuch zur Exegese des Neuen Testaments
Ein Proseminar.
240 Seiten. Kt.
[3-579-02624-0]

*D*ieses Buch ist als Lern-, Lehr- und Arbeitsbuch konzipiert. Die klassische Methodik historisch-kritischer Exegese wird in einem – didaktisch überzeugend – aufeinander aufbauenden Schritt-für-Schritt-Verfahren dargelegt. Ein übersichtlicher Aufbau des Textes, konkrete Arbeitsaufträge und eine Fülle weiterführender Hinweise vermitteln klare Kenntnisse vom exegetischen Handwerk.

Tel. 0 52 41 / 74 05 – 41
Fax 0 52 41 / 74 05 – 48
Internet: http://www.gtvh.de
e-mail: info@gtvh.de

Chr. Kaiser
Gütersloher Verlagshaus